一本书读懂

商业常识大全集

（第2版）

汇智书源◎编著

中国铁道出版社
CHINA RAILWAY PUBLISHING HOUSE

内 容 简 介

商场如战场，投身商海，不懂基本的商业知识，怎么能在短时间内轻松叩开创业的大门？不懂商业策略，怎么能在激烈的市场竞争中站稳脚跟？不了解最新最潮的商业新模式，怎么能在大数据时代下掌握以小博大的移动战法？……

本书从商业基础知识和商业策略与案例两个角度出发，摒弃了枯燥乏味的纯文字表述，通过文字与图示，立足于实战应用，结合案例告诉读者创业之道及企业经营之道。本书以实用性为主旨，内容涉及创业基础常识、经营策略、实战技巧等诸多方面，让你轻松读懂商业知识，希望读了本书能把商业看透，把企业做得风生水起。

图书在版编目（CIP）数据

一本书读懂商业常识大全集 / 汇智书源编著. —2 版. —北京：中国铁道出版社，2018.12

ISBN 978-7-113-25012-6

Ⅰ. ①一… Ⅱ. ①汇… Ⅲ. ①企业经营管理－基本知识 Ⅳ. ①F272.3

中国版本图书馆 CIP 数据核字（2018）第 232880 号

书　　名：一本书读懂商业常识大全集（第 2 版）
作　　者：汇智书源 编著

策　　划：巨　凤　　　**读者热线电话：**010-63560056
责任编辑：苏　茜
助理编辑：邹一丹
责任印制：赵星辰　　　**封面设计：**MXK DESIGN STUDIO

出版发行：中国铁道出版社（北京市西城区右安门西街 8 号　　邮政编码：100054）
印　　刷：三河市宏盛印务有限公司
版　　次：2016 年 1 月第 1 版　2018 年 12 月第 2 版　2018 年 12 月第 1 次印刷
开　　本：700mm×1000mm　1/16　**印张：**14.25　**字数：**301 千
书　　号：ISBN 978-7-113-25012-6
定　　价：49.80 元

前言 PREFACE

很多人说生意越来越难做，但其实生意从来就没有好做过，而且会越来越难做，因为比你有知识、有文化、有资源的聪明人越来越多，商业考量的不仅仅是知识，更是文化；不仅仅是智商，亦有情商。

让商人真正走向成功的不是资本，不是技术，不是独特的资源，而是失败，是挫折，是永不放弃的试错、纠错、改变与完善的精神。

商场如战场，只要你投身于商海之中，那些可被奉为圭臬的商业常识与经营之道就是不容忽视的。试想，一个人不懂商业法律常识，如何保证自己的合法经营？一个人不懂财务常识，如何能实现企业利润的最大化？一个人不懂市场营销知识，如何能在竞争激烈的市场中站稳脚跟？一个人不懂商业策略、商业模式知识，如何能够架构起具有独特核心竞争力的运营体系？……虽然这些知识不能保证你一定能够成功，但掌握它们一定可以将你经营企业的风险降至最低。

本书都写了什么？

本书分为两篇，即从商必知的商业知识篇和商业策略与案例篇。第一篇分别从合法开业、营销常识、财务常识、商业法律常识、劳动用工及社会保障常识等五个方面，介绍了从商必知必备基础知识。

第二篇从商业法则、商业思维、营销策略、商品品牌等方面，结合实际案例，阐述了商业基本理论在创业、经营中的实际应用。此外，还特别从互联网思维、O2O 商业模式、互联网金融、微信营销等四个角度，独具特色地阐述了大数据时代互联网下的商业新模式及其应用。

此外，本书还设有扩展阅读内容，包括货物常识、金融常识、商业战略、商业公关等知识，读者可以通过扫描二维码进行阅读。

谁适合阅读本书？

如果你对商业一无所知，本书将引领你进入商业的奇妙世界，感受身边的商业现象。如果你在创业中举步维艰，始终不得要领，本书无疑对你有指点迷津的功效，帮助你读懂最基本的商业知识，掌握最实用的商业策略。如果你在企业经营中不时地遇到烦恼，本书将为你拨云见日，引领你智慧地经营企业，创造财富，将企业做得风生水起。

从本书中能获得什么？

通过阅读本书，你将在以下四个方面成为智者：掌握最基础的商业知识，将商业读懂，把创业看透；掌握最全面的商业知识，将创业的风险降至最低；通过商业策略，构建具有核心竞争力的运营体系；掌控最新最高端的大数据下的新商业，时刻走在时代的前列。

如何使用本书？

如果你是创业新手，可以按部就班，从头读到尾，必定会使你受益匪浅。如果你拥有一定的商业知识，公司初具规模，可以从中挑选其中几个专题进行阅读，集中于某个专题，将能很好地指导你的商业行为，帮助你做出睿智、理性的决策。

本书涵盖的内容十分丰富，当你在创业过程中，或在企业经营过程中遇到问题时，可以将本书作为即查即用的工具书，翻开本书就能很快找到想要的答案。

编　者

2018 年 7 月

图解商业知识脉络图

商业知识
合法开业
企业设立的法律法规；申请开业登记；税务登记；纳税申报；一般纳税人的申请；增值税计征；对偷税漏税等行为的惩罚
销售常识
市场预测；消费者的心理特征分析；产品定价方法与策略；销售渠道选择
财务常识
财务管理模式；会计报表的阅读；成本账的计算
商业法律常识
反不正当竞争法；商标法；产品质量法；经济合同与贸易合同；劳动合同法
社会保障常识
社会保险征缴；养老保险、基本医疗保险、工伤保险、失业保险、生育保险相关知识
货物知识
批发与零售的选择；货物的分类、计量和质量；货物运输方式；货物的储存和保管
金融常识
企业信用等级评定；货币金融；外汇市场；信托；证券市场

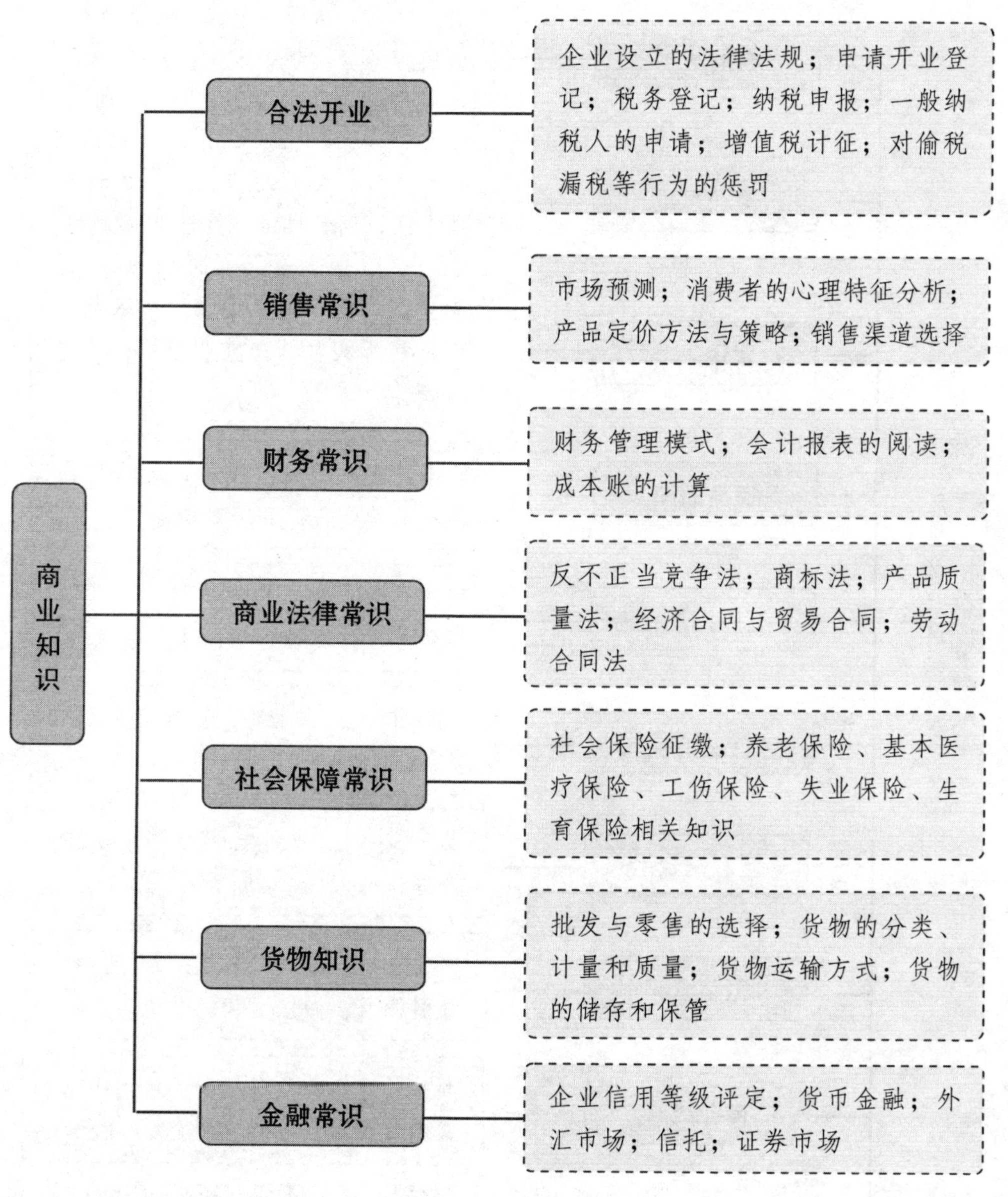

图解商业策略脉络图

商业策略
商业法则
二八法则；达维多定律；鲶鱼效应；六顶帽思考；手表定律；250定律；木桶定律
商业思维
心态管理；创意思维；执行力；管理方式；创新思维；价格与质量
营销策略
无差异化营销；市场细分；绿色营销；病毒式营销；整合营销；悲情营销等
商品品牌
联合商标；有含义商标；无含义商标；品牌定位；品牌延伸等
互联网思维
用户思维；简约思维；极致思维；粉丝思维；流量思维；迭代思维
O2O商业模式
O2O模式；二维码；打车软件；外卖；O2O创业
互联网金融
第三方平台；支付宝；余额宝；P2P；众筹
微信营销
微信营销；微信公众号；微信内容；吸引粉丝；微信运营；微商
商业战略
共赢性竞争；战略规划；蓝海战略；紧缩型战略；战略控制
商业公关
企业标志；产品形象；公关广告；人际传播；庆典活动；危机公关；网络公关

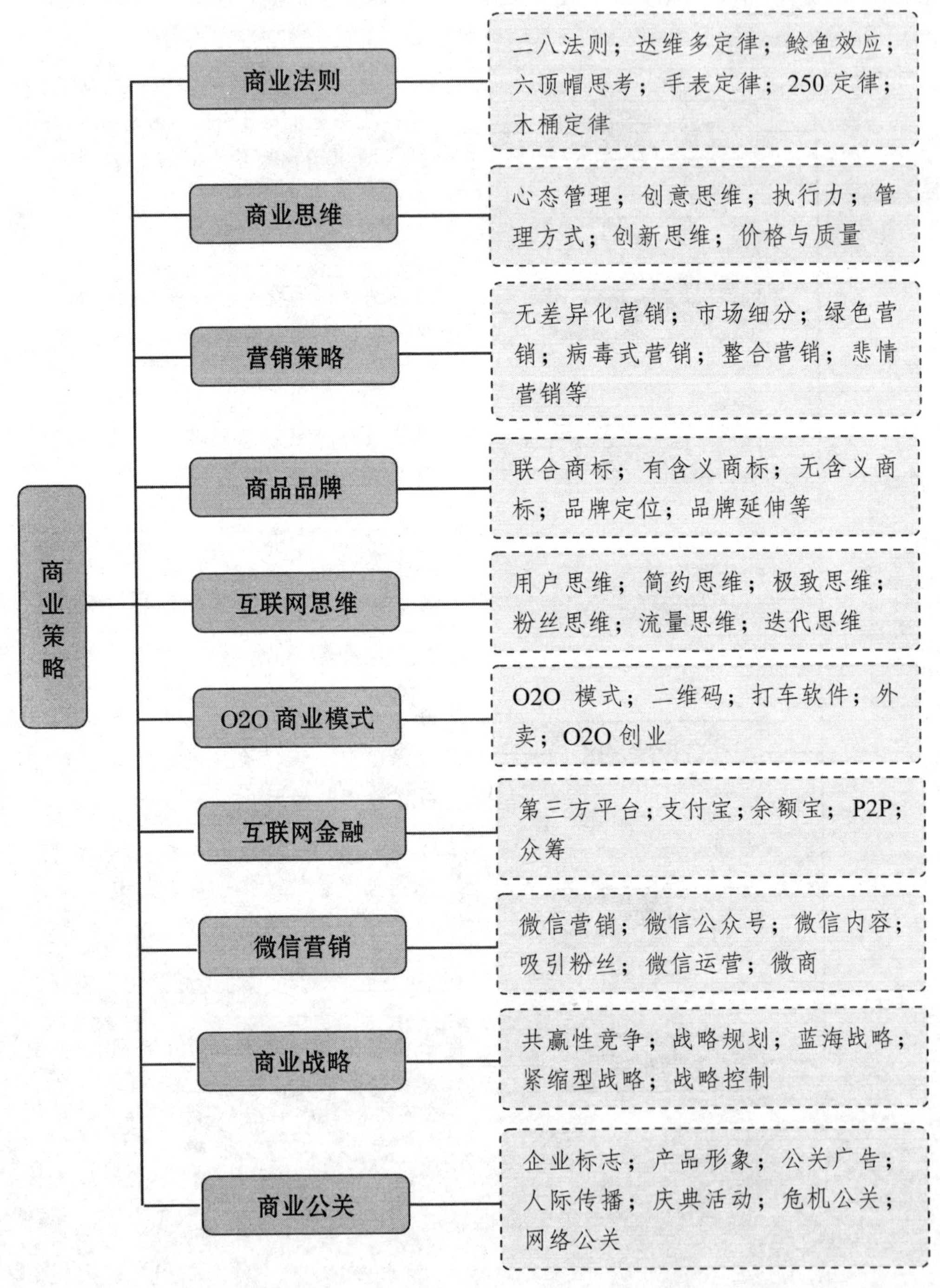

目录 CONTENTS

第一篇　从商必知的商业知识篇

第四章　不可不知的商业法律常识

第五章　劳动用工及社会保障常识

第二篇　商业策略与案例篇

第六章　改变自己、看懂商界的神奇定律——商业法则

第七章　向左 or 向右，经营头脑风暴——商业思维

第八章　名企只做不说的营销秘密——营销策略

第九章　高端占位，就这么做品牌——商品品牌

用手机扫描二维码或通过下面网址，阅读以下精彩内容

http://upload.m.crphdm.com/2018/1123/1542941710259.pdf

附录 C　化无形资产为有形成果——商业战略

附录 D　给企业“贴金”有“门道”——商业公关

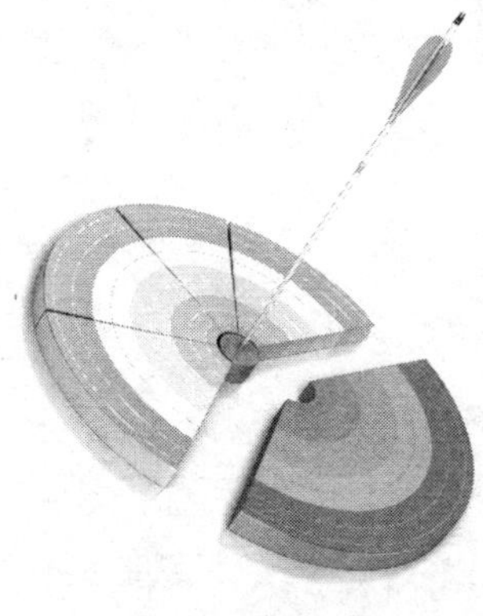

第一篇

从商必知的商业知识篇

BUSINESS

第一章

合法开业的那些事

“合法经营，劳动致富”是每一个创业者应该确立的基本观念。无论做什么，都应遵纪守法，不能靠投机取巧、坑骗别人来致富，也不能偷偷摸摸地干。因此，办理必要的合法开业手续是合法经营的前提。本章就来介绍合法开业必知的那些事。

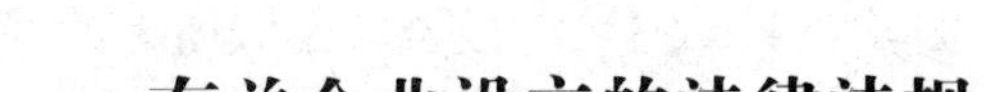

一、有关企业设立的法律法规

在投资设立企业之前，首先要了解关于设立企业的相关法律知识，这样才能为合法开业打下坚实的基础。

（一）私营企业的类型划分

私营企业，是指由自然人投资设立或控股，以雇佣劳动力为基础的营利性经济组织，其生产资料属私人所有，雇佣工人在八人以上。

根据《关于划分企业登记注册类型的规定》中的相关规定，私营企业包括按照《中华人民共和国公司法》、《中华人民共和国合伙企业法》、《中华人民共和国私营企业暂行条例》等法律法规规定登记注册的私营独资企业、私营合伙企业、私营有限责任公司、私营股份有限公司。这四种私营企业分别具有不同的特点，如图 1-1 所示。

- 由一名自然人投资经营。
- 雇佣劳动力。
- 投资人对企业债务承担无限责任

私营独资企业

- 由两个以上自然人共同投资、经营、共负盈亏。
- 雇佣劳动力。
- 投资人对企业债务承担无限责任

私营合伙企业

- 由 50 个以下的股东出资设立。
- 股东以其所认缴的投资额承担有限责任。
- 公司以其全部资产对其债务承担有限责任

私营有限责任公司

- 公司资本由股份构成。
- 通过发行股票筹集资本。
- 股东以其认购的股份对债务承担有限责任

私营股份有限公司

图 1-1　私营企业划分类型

（二）《中华人民共和国个人独资企业法》对设立独资企业的规定

个人独资企业，是指由一个自然人投资设立的，财产为投资人个人所有的经营实体，投资人以其个人财产对本企业的债务承担无限责任。《中华人民共和国个人独资企业法》规定，设立个人独资企业应当具备如下条件。

① 投资人为一个自然人；

② 有合法的企业名称；

③ 有投资人申报的出资；

④ 有固定的生产经营场所和必要的生产经营条件；

⑤ 有必要的从业人员。

（三）《中华人民共和国合伙企业法》对合伙企业设立的规定

《中华人民共和国合伙企业法》对合伙企业的设立条件作出了具体的规定。

（1）普通合伙企业的设立

普通合伙企业由普通合伙人组成，合伙人对合伙企业债务承担无限连带责任。普通合伙企业的设立，要具备以下条件。

① 有二个以上合伙人。合伙人为自然人的，应当具有完全民事行为能力；

② 有书面合伙协议；

③ 有合伙人认缴或者实际缴付的出资；

④ 有合伙企业的名称和生产经营场所；

⑤ 法律、行政法规规定的其他条件。

（2）特殊的普通合伙企业

以专业知识和专门技能为客户提供有偿服务的专业服务机构，可以设立为特殊的普通合伙企业。《中华人民共和国合伙企业法》对特殊的普通合伙企业作出了特别的规定，如图 1-2 所示。

（3）有限合伙企业

有限合伙企业由普通合伙人和有限合伙人组成，对于其设立，《中华人民共和国合伙企业法》有特别规定，如图 1-3 所示。

企业名称	特殊的普通合伙企业名称中应当标明“特殊普通合伙”字样
责任承担	一个合伙人或者数个合伙人在执业活动中因故意或者重大过失造成合伙企业债务的，应当承担无限责任或者无限连带责任，其他合伙人以其在合伙企业中的财产份额为限承担责任
	合伙人在执业活动中非因故意或者重大过失造成的合伙企业债务以及合伙企业的其他债务，由全体合伙人承担无限连带责任
	合伙人执业活动中因故意或者重大过失造成的合伙企业债务，以合伙企业财产对外承担责任后，该合伙人应当按照合伙协议的约定对给合伙企业造成的损失承担赔偿责任

图 1-2 《中华人民共和国合伙企业法》对特殊的普通合伙企业设立的特别规定

1. 有限合伙企业由 2 个以上 50 个以下合伙人设立，法律另有规定的除外
2. 有限合伙企业至少应当有一个普通合伙人
3. 普通合伙人对合伙企业债务承担无限连带责任，有限合伙人以其认缴的出资额为限对合伙企业债务承担责任
4. 有限合伙企业名称中应当标明“有限合伙”字样
5. 有限合伙人可以用货币、实物、知识产权、土地使用权或者其他财产权利作价出资，不得以劳务出资

图 1-3 《中华人民共和国合伙企业法》对有限合伙企业设立的特别规定

普通合伙人对合伙企业债务承担无限连带责任，有限合伙人以其认缴的出资额为限对合伙企业债务承担责任。

(四)《中华人民共和国公司法》对设立有限责任公司的规定

《中华人民共和国公司法》(2014 年修订)规定有限责任公司由五十个以下股东出资设立，对有限责任公司的设立有具体规定。

(1)有限责任公司的设立

设立有限责任公司，应当具备一定的条件，如图 1-4 所示。

1. 股东符合法定人数
2. 有符合公司章程规定的全体股东认缴的出资额
3. 股东共同制定公司章程
4. 有公司名称，建立符合有限责任公司要求的组织机构
5. 有公司住所

图 1-4　《中华人民共和国公司法》规定设立有限责任公司需满足的条件

(2)一人有限责任公司的特别规定

对于一人有限责任公司的设立，即只有一个自然人或者一个法人股东的有限责任公司,《中华人民共和国公司法》中作出了特别规定，如图 1-5 所示。

- 一个自然人只能投资设立一个一人有限责任公司。该一人有限责任公司不能投资设立新的一人有限责任公司
- 一人有限责任公司应当在公司登记中注明自然人独资或者法人独资，并在公司营业执照中载明
- 一人有限责任公司的股东不能证明公司财产独立于股东自己的财产的，应当对公司债务承担连带责任

图 1-5　《中华人民共和国公司法》对设立一人有限责任公司的特别规定

（五）《中华人民共和国公司法》对股份公司设立的规定

《中华人民共和国公司法》规定，设立股份有限公司，应当由二人以上二百人以下为发起人，其中须有半数以上的发起人在中国境内有住所。还应当具备以下条件。

① 发起人符合法定人数；

② 有符合公司章程规定的全体发起人认购的股本总额或者募集的实收股本总额；

③ 股份发行、筹办事项符合法律规定；

④ 发起人制订公司章程，采用募集方式设立的经创立大会通过；

⑤ 有公司名称，建立符合股份有限公司要求的组织机构；

⑥ 有公司住所。

二、申请开业登记

开业登记，是指为了设立商事主体，其创办人或发起人向有关登记主管机关提出申请，经登记主管机关审核，以获得准予登记注册的法律行为。那么，要想设立一个商事主体，应该怎样进行开业登记的申请呢？

（一）申请开业登记的具体流程

开业登记一般要经过申请、审查、受理、决定四个环节。申请人可以携带相关资料亲自到登记主管单位进行现场登记，也可以将相关资料通过传真、电子数据交换、电子邮件或邮寄等方式交由主管部门进行审核，等待审核结果。

开业登记的具体流程如图 1-6 所示。

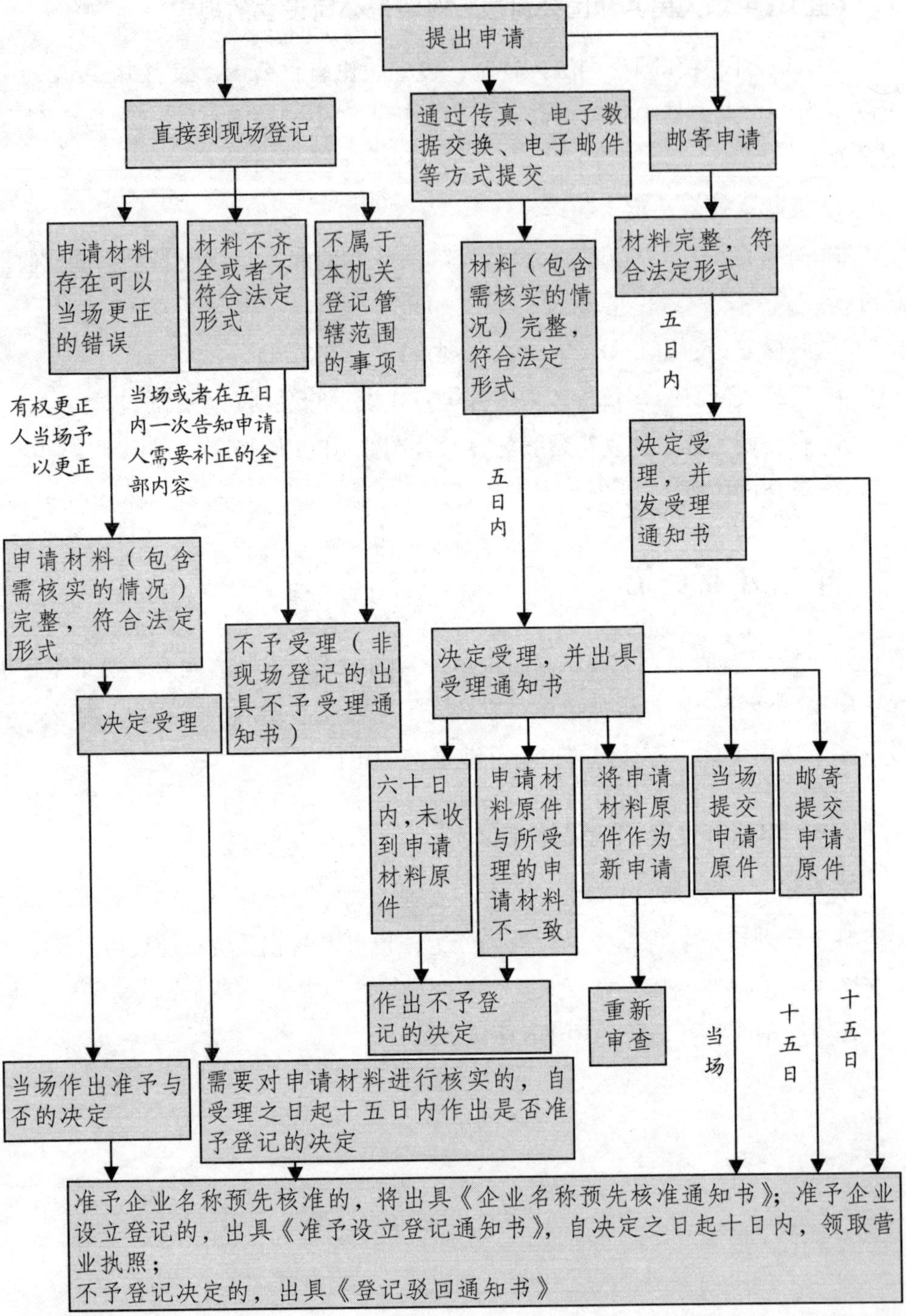

图 1-6　申请开业登记流程图

（二）个体工商户开业登记需要提供的材料

个体工商户在申请开业登记的过程中，需向有关登记机关提供一系列材料，经审查符合要求后才可获得受理。需提供的材料见表 1-1。

表 1-1　个体工商户申请开业登记提交的材料

<table>
<tr><th>序号</th><th>内　容</th><th>备　注</th></tr>
<tr><td rowspan="2">1</td><td rowspan="2">申请人签署的《个体工商户开业登记申请书》</td><td>家庭经营的，由主持经营者作为经营者登记，其他家庭成员在申请书经营者一栏中签字确认</td></tr>
<tr><td>委托代理人办理，需提交申请人签署的《委托代理人证明》</td></tr>
<tr><td>2</td><td>《个体工商户名称预先核准通知书》</td><td>若申请人不使用名称，则无须提交</td></tr>
<tr><td rowspan="2">3</td><td rowspan="2">身份证明</td><td>申请人本人的身份证复印件，委托代理人办理，还要提交委托代理人的身份证复印件</td></tr>
<tr><td>家庭经营的，提交居民户口簿或者结婚证复印件，以及其他参加经营家庭成员身份证复印件</td></tr>
<tr><td rowspan="3">4</td><td rowspan="3">经营场所使用证明</td><td>自有房产，提交房屋产权证复印件或产权证明</td></tr>
<tr><td>租赁房屋，提交租赁合同以及出租方的房屋产权证明</td></tr>
<tr><td>居住房屋改非居住使用证明（以下简称“居改非证明”）</td></tr>
<tr><td rowspan="5">5</td><td rowspan="5">经营范围涉及法律、法规规定的必须报经审批的，国家相关部门的批准文件</td><td>机动车船客货运输，出具车船牌照、驾驶执照、保险凭证</td></tr>
<tr><td>饮食店、食品加工和销售业，出具食品卫生监督机关核发的证明</td></tr>
<tr><td>资源开采、工程设计、建筑修缮、制造和修理简易计量器具、药品销售、烟草销售等，提交有关部门的批准文件或者资格证明</td></tr>
<tr><td>旅店业、刻字业、信托寄卖业、印刷业，提交所在地公安机关的审查同意证明</td></tr>
<tr><td>雇员工、带学徒，报送与员工、学徒分别签订的合同书；涉及人身健康和生命安全的，还应出具保险凭证</td></tr>
</table>

（三）合伙企业开业登记需要提交的材料

合伙企业是私营企业的一种，它的设立应当由全体合伙人指定的代表或共同委托的代理人向企业登记机关申请设立登记。申请合伙企业开业登记需向企业登记机关提交相关材料，详见表 1-2。

表 1-2　合伙企业申请开业登记提交的材料

<table>
<tr><th>序号</th><th>内　容</th><th>备　注</th></tr>
<tr><td>1</td><td>《合伙企业设立登记申请书》</td><td>由全体合伙人签字或盖章</td></tr>
<tr><td rowspan="2">2</td><td rowspan="2">全体合伙人的主体资格证明或自然人的身份证明</td><td>合伙人为企业，提供企业营业执照副本复印件</td></tr>
<tr><td>合伙人为事业单位、社团法人等，分别提交相关登记证书复印件</td></tr>
<tr><td>3</td><td>全体合伙人指定的代表或共同委托的代理人的委托书</td><td>全体合伙人签字或盖章</td></tr>
<tr><td>4</td><td>合伙协议</td><td>由全体合伙人签字或盖章</td></tr>
<tr><td>5</td><td>出资确认书</td><td>由全体合伙人签署，确认各合伙人认缴或实际缴付的出资金额</td></tr>
<tr><td>6</td><td>经营场所证明</td><td>产权证明，租房协议书等</td></tr>
<tr><td>7</td><td>委托执行事务合伙人的委托书</td><td>由全体合伙人签署，执行事务合伙人为法人或其他组织，还要提交其委派代表的委托书和身份证明复印件</td></tr>
<tr><td>8</td><td>非现金出资作价证明</td><td>以实物、知识产权、土地使用权或其他财产权利出资，提交全体合伙人签署的协商作价确认书或法定评估机构出具的评估作价证明</td></tr>
<tr><td rowspan="3">9</td><td rowspan="3">其他</td><td>办理了名称预先核准通知的，提供名称预先核准通知书</td></tr>
<tr><td>特殊的普通合伙企业需提交相应的合伙人职业资格证明</td></tr>
<tr><td>需经国家相关部门批准的提交有关批准文件</td></tr>
</table>

（四）个人独资企业开业登记需要提交的材料

个人独资企业申请开业登记需向登记机关提交的材料见表 1-3。

表 1-3　个人独资企业申请开业登记提交的材料

序号	内　　容	备　　注
1	个人独资企业设立登记申请书	由投资人签字或盖章
2	企业名称预先核准通知书	需提前申请
3	投资人身份证明	投资人身份证原件和复印件
4	企业住所证明	产权协议，租房协议，居改非证明
5	委托代理证明	委托他人代理，应提供投资人的委托书及代理机构的营业执照复印件，以及代理人资质证书
6	其他	须报经相关部门批准的，提交批准文件
		经营范围须报经审批的，提交相关批准文件

（五）营业单位开业登记需要提交的材料

营业单位，是由企业法人设立的分支机构，它们不能独立承担民事责任，经过工商登记机关核准登记后，发给营业执照。营业单位申请开业登记，需提交的材料详见表 1-4。

表 1-4　营业单位申请开业登记提交的材料

序号	内　　容	备　　注
1	营业单位登记申请书	主管部门（出资人）签字、盖章
2	《指定代表或者共同委托代理人的证明》	主管部门（出资人）签字、盖章，并标明具体委托事项、被委托人的权限、委托期限
	指定代表或委托代理人身份证复印件	本人签字
3	负责人的任职文件及身份证复印件	由主管部门（出资人）出具，加盖公章
4	主管部门（出资人）主体资格证明	提交主管部门登记证书复印件

续上表

序号	内　容	备　注
5	营业单位的地址使用证明	自有房产提交产权证复印件
		租赁房屋提交租赁协议复印件以及出租房的房产证复印件
		未取得房产证，提交房地产管理部门的证明或者购房合同及房屋销售许可证复印件
		出租方为宾馆、饭店，提交宾馆、饭店的营业执照复印件
6	其他	经营范围涉及法律、行政法规和国务院决定规定登记前必须报经审批项目的，提交有关部门批准文件
		法律、行政法规和国务院决定规定设立营业单位必须报经批准的，提交有关的批准文件或者许可证书复印件

三、税务登记的办理

依法纳税是每个经济主体都必须履行的义务，税务登记就是根据税法的规定，税务机关对纳税人的生产经营活动进行登记管理的一项法定制度。作为新设立的企业，如何办理税务登记，履行纳税义务呢？

（一）税务登记的类型

根据《税务登记管理办法》，税务登记分为设立登记、变更登记、停业复业登记、注销登记、外出经营报验登记等，如图 1-7 所示。

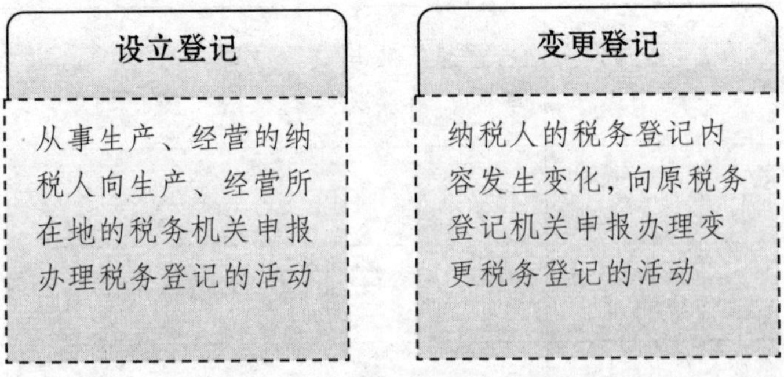

设立登记	变更登记
从事生产、经营的纳税人向生产、经营所在地的税务机关申报办理税务登记的活动	纳税人的税务登记内容发生变化，向原税务登记机关申报办理变更税务登记的活动

图 1-7　税务登记的类型

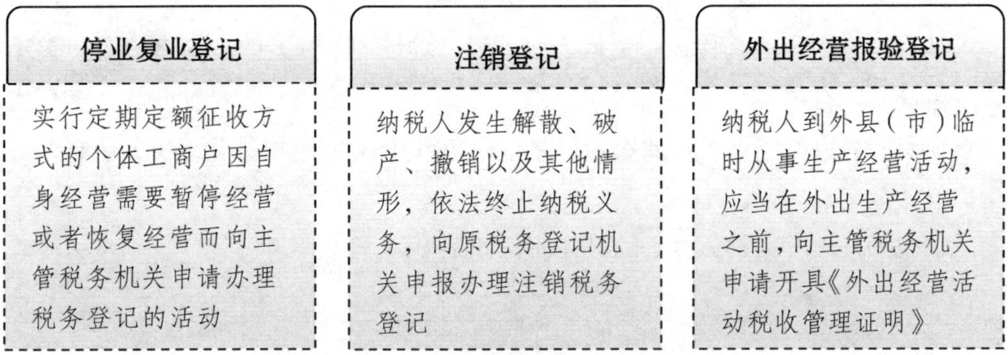

停业复业登记
实行定期定额征收方式的个体工商户因自身经营需要暂停经营或者恢复经营而向主管税务机关申请办理税务登记的活动
注销登记
纳税人发生解散、破产、撤销以及其他情形，依法终止纳税义务，向原税务登记机关申报办理注销税务登记
外出经营报验登记
纳税人到外县（市）临时从事生产经营活动，应当在外出生产经营之前，向主管税务机关申请开具《外出经营活动税收管理证明》

图 1-7　税务登记的类型（续）

（二）办理设立税务登记的流程

办理设立税务登记，需由纳税人持相关资料到税务登记部门进行审核，审核通过之后将予以发证，具体的办理流程如图 1-8 所示。

纳税人持相关资料提出登记申请
根据不同情况向税务机关如实提供证件和资料:
1. 工商营业执照或其他核准执业证件
2. 有关合同、章程、协议书
3. 组织机构统一代码证
4. 法定代表人或负责人或业主的居民身份证、护照或者其他合法证件
选择并填写税务登记表
材料不齐全或税务登记表填写不符合规定
当场通知补正或重新填报
税务登记机构受理并审核
材料齐全，税务登记表填写符合规定
核发证书

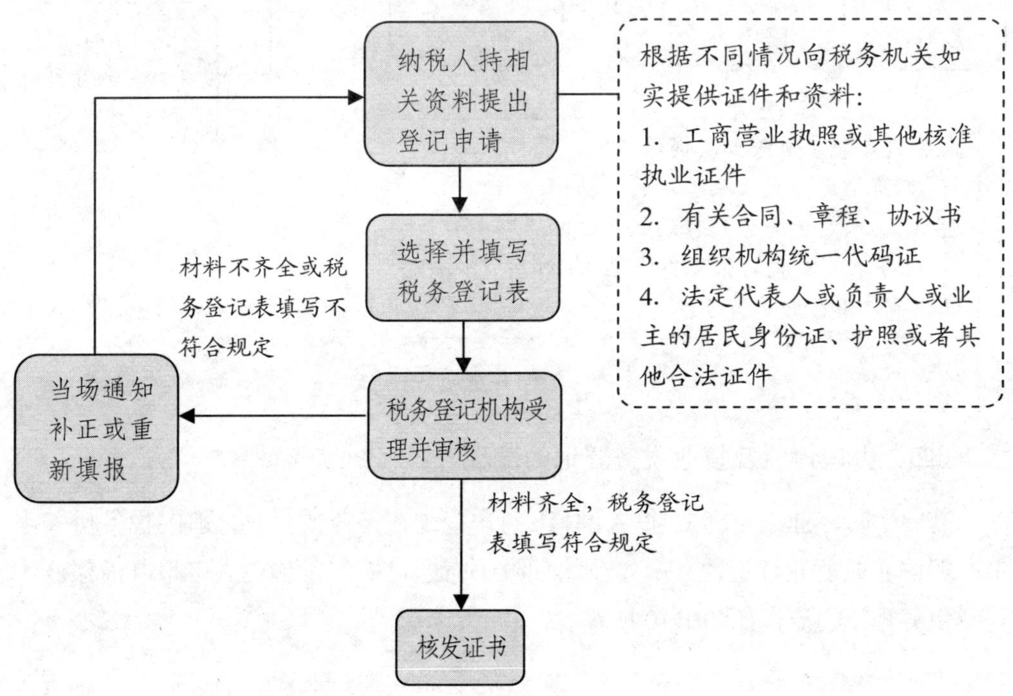

图 1-8　设立税务登记流程

（三）办理变更税务登记的流程

纳税人变更企业名称、法定代表人、经营地址（不涉及改变主管税务机关）或经济性质、经济类型、经营范围、经营方式、开户银行及账号等内容，纳税人应该在自工商行政管理机关变更登记之日起 30 日内，向原税务登记机关申报办理变更税务登记。

纳税人办理变更税务登记的具体流程如图 1-9 所示。

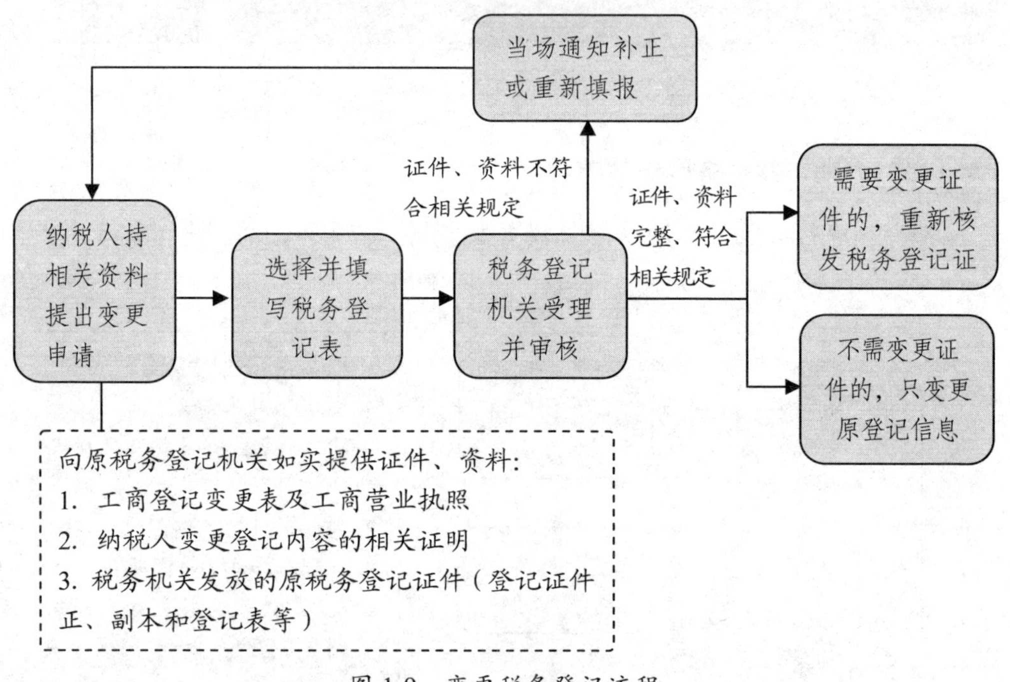

图 1-9 变更税务登记流程

（四）办理停业及复业税务登记的流程

需要暂时停业或重新复业的个体工商户，须在停业或复业之前向税务机关申报办理停业或复业登记，其中停业的期限不得超过一年。纳税人申报办理停业、复业税务登记的流程如图 1-10 所示。

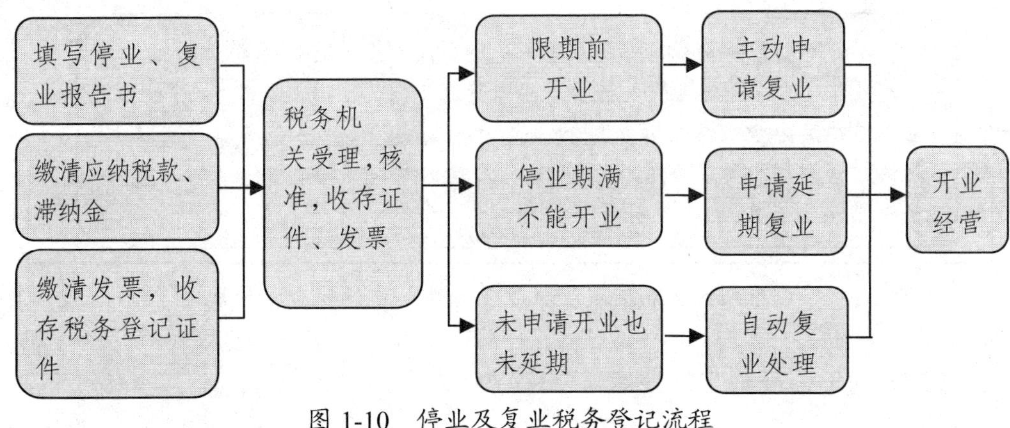

图 1-10　停业及复业税务登记流程

四、纳税申报的规定和程序

纳税人依法纳税之后，要按照税法规定的期限和内容进行纳税申报，向税务机关提交有关纳税事项的书面报告。

（一）关于纳税申报的法律规定

依据《中华人民共和国税收征收管理法》规定，纳税人必须进行纳税申报，具体规定条款如图 1-11 所示。

纳税人必须依照法律、行政法规规定或者税务机关依照法律、行政法规的规定确定的申报期限、申报内容如实办理纳税申报，报送纳税申报表、财务会计报表以及税务机关根据实际需要要求纳税人报送的其他纳税资料

扣缴义务人必须依照法律、行政法规规定或者税务机关依照法律、行政法规的规定确定的申报期限、申报内容如实报送代扣代缴、代收代缴税款报告表以及税务机关根据实际需要要求扣缴义务人报送的其他有关资料

纳税人、扣缴义务人可以直接到税务机关办理纳税申报或者报送代扣代缴、代收代缴税款报告表，也可以按照规定采取邮寄、数据电文或者其他方式办理上述申报、报送事项

图 1-11 《中华人民共和国税收征收管理法》中纳税申报的规定

纳税人、扣缴义务人不能按期办理纳税申报或者报送代扣代缴、代收代缴税款报告表的，经税务机关核准，可以延期申报。
经核准延期办理前款规定的申报、报送事项的，应当在纳税期内按照上期实际缴纳的税额或者税务机关核定的税额预缴税款，并在核准的延期内办理税款结算

图 1-11 《中华人民共和国税收征收管理法》中纳税申报的规定（续）

（二）对于违反规定的处理

《中华人民共和国税收征收管理法》规定，纳税人违反纳税申报规定的，将要对其追究法律责任，具体规定如图 1-12 所示。

1 纳税人未按照规定的期限办理纳税申报和报送纳税资料的，或者扣缴义务人未按照规定的期限向税务机关报送代扣代缴、代收代缴税款报告表和有关资料的，由税务机关责令限期改正，可以处二千元以下的罚款；情节严重的，可以处二千元以上一万元以下的罚款

2 纳税人不进行纳税申报，不缴或者少缴应纳税款的，由税务机关追缴其不缴或者少缴的税款、滞纳金，并处不缴或者少缴的税款百分之五十以上五倍以下的罚款

图 1-12 《中华人民共和国税收征收管理法》中纳税申报的法律责任

（三）纳税申报的流程

纳税人可以持相关资料亲自到相关部门进行纳税申报，也可以通过电子数据传输或邮寄的方式将资料提交给相关部门进行审核。

纳税申报的具体程序如图 1-13 所示。

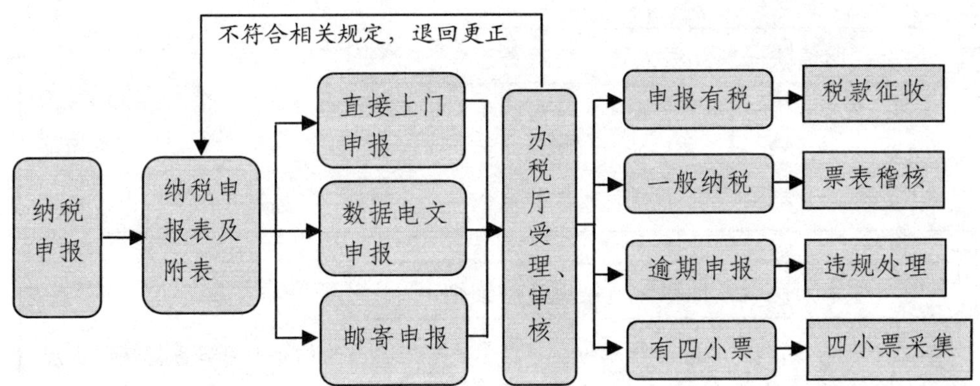

图 1-13 纳税申报流程

五、一般纳税人的申请

一般纳税人，是指增值税纳税人年应征增值税销售额超过财政部规定的小规模纳税人标准的企业和企业性单位。其中，所说的年应征增值税销售额（以下简称“年应税销售额”），是指纳税人在连续不超过十二个月的经营期内累计应征增值税销售额，包括免税销售额。

（一）一般纳税人资格认定的条件

凡是符合增值税一般纳税人条件的纳税人，可以向主管税务机关申请一般纳税人的资格认定。一般纳税人认定的条件如图 1-14 所示。

1 年应税销售额超过财政部、国家税务总局规定的小规模纳税人标准的，即年应税销售额超过 500 万元

2 年应税销售额未超过规定标准的纳税人，会计核算健全，能够提供准确税务资料的，可以向主管税务机关办理一般纳税人登记

图 1-14 一般纳税人的认定条件

（二）哪些纳税人可以不办理一般纳税人登记

根据相关规定，以下几类纳税人可以不办理一般纳税人登记，如图 1-15 所示。

《增值税一般纳税人登记管理办法》

第四条规定："下列纳税人不办理一般纳税人登记：

（1）按照政策规定，选择按照小规模纳税人纳税的；

（2）年应税销售额超过规定标准的其他个人。"

《中华人民共增值税暂行条例实施细则》

第二十九条规定："非企业性单位、不经常发生应税行为的企业可以选择按照小规模纳税人纳税。"

《营业税改征增值税试点实施办法》

第三条规定："年应税销售额超过规定标准但不经常发生应税行为的单位和个体工商户可选择按照小规模纳税人纳税。"

图 1-15　可以不办理一般纳税人登记的纳税人

六、增值税率的计征

增值税是一种流转税，是将商品在流转过程中产生的增值额作为计税依据而征收的一种税种，其主要征收对象是销售货物或者提供加工、修理修配劳务以及进口货物的单位和个人，就其实现的增值额进行征税。

（一）什么是增值税税率

增值税税率，就是指增值税税额占货物或应税劳务销售额的比率，它是计算货物或应税劳务增值额税额尺度。

（二）增值税税率标准

增值税税率标准详见表 1-5。

表 1-5 增值税税率标准

适用范围	增值税税率
有形动产租赁服务；销售或者进口货物；加工、修理修配劳务	16%
陆路运输服务；水路运输服务；航空运输服务；管道运输服务；邮政普遍服务；邮政特殊服务；其他邮政服务；基础电信服务；工程服务；安装服务；修缮服务；装饰服务；其他建筑服务；不动产租赁服务；转让土地使用权；销售不动产；粮食、食用植物油；自来水、暖气、冷气、热水、煤气、石油液化气、天然气、沼气、居民用煤炭制品；图书、报纸、杂志；饲料、化肥、农药、农机、农膜，农产品；音像制品；电子出版物；二甲醚；国务院规定的其他货物	10%
增值电信服务；贷款服务；直接收费金融服务；保险服务；金融商品转让服务；研发和技术服务；信息技术服务；文化创新服务；物流辅助服务；鉴证咨询服务；广播影视服务；商务辅助服务；其他现代服务；文化体育服务；教育医疗服务；旅游娱乐服务；餐饮住宿服务；居民日常服务；销售无形资产	6%
在境内载运旅客或者货物出境； 在境外载运旅客或者货物入境； 在境外载运旅客或者货物； 航天运输服务； 向境外单位提供的完全在境外消费的研发服务； 向境外单位提供的完全在境外消费的合同能源管理服务； 向境外单位提供的完全在境外消费的设计服务； 向境外单位提供的完全在境外消费的广播影视节目（作品）的制作和发行服务； 向境外单位提供的完全在境外消费的软件服务； 向境外党委提供的完全在境外消费的电路设计及测试服务； 向境外单位提供的完全在境外消费的信息系统服务； 向境外单位提供的完全在境外消费的业务流程管理服务； 向境外单位提供的完全在境外消费的离岸服务外包业务； 向境外单位提供的完全在境外消费的转让技术 财政部和国家税务总局规定的其他服务 出口货物	0%

（三）免征增值税的项目有哪些

《中华人民共和国增值税暂行条例》对免征增值税的项目作出了规定，如图1-16所示。

1 农业生产者销售的自产农产品

2 避孕药品和用具

3 古旧图书

4 直接用于科学研究、科学实验和教学的进口仪器、设备

5 外国政府、国际组织无偿援助的进口物资和设备

6 由残疾人的组织直接进口供残疾人专用的物品

7 销售的自己使用过的物品

图 1-16 免征增值税的项目

七、国家对偷漏税等违法行为的制裁措施

依法纳税是每个公民的义务，偷税漏税的行为损害了国家利益，触犯了国家法律，情节严重的将受到国家法律的制裁。

（一）什么是偷税、漏税、骗税行为

偷税，是指纳税人故意违反税收法规，采用欺骗、隐瞒等方式不缴或者少缴税款的行为。

漏税，是指纳税人并非故意不缴或少缴税款的行为。

骗税，是指纳税人通过假报出口或其他欺骗手段，骗取国家出口退税的行为。

（二）《税收征收管理法》对偷漏税等行为的处罚

《中华人民共和国税收征收管理法》中对偷税漏税等违法行为所承担的法律责任作出了规定，如图1-17所示。

骗税

- 以假报出口或者其他欺骗手段，骗取国家出口退税款的，由税务机关追缴其骗取的退税款，并处骗取税款一倍以上五倍以下的罚款；构成犯罪的，依法追究刑事责任。
- 对骗取国家出口退税款的，税务机关可以在规定期间内停止为其办理出口退税

漏税

- 因税务机关的责任，致使纳税人、扣缴义务人未缴或者少缴税款的，税务机关在三年内可以要求纳税人、扣缴义务人补缴税款，但是不得加收滞纳金。
- 因纳税人、扣缴义务人计算错误等失误，未缴或者少缴税款的，税务机关在三年内可以追征税款、滞纳金；有特殊情况的，追征期可以延长到五年。
- 对偷税、抗税、骗税的，税务机关追征其未缴或者少缴的税款、滞纳金或者所骗取的税款，不受前款规定期限的限制

偷税

- 纳税人伪造、变造、隐匿、擅自销毁账簿、记账凭证，或者在账簿上多列支出或者不列、少列收入，或者经税务机关通知申报而拒不申报或者进行虚假的纳税申报，不缴或者少缴应纳税款的，是偷税。对纳税人偷税的，由税务机关追缴其不缴或者少缴的税款、滞纳金，并处不缴或者少缴的税款百分之五十以上五倍以下的罚款；构成犯罪的，依法追究刑事责任。
- 扣缴义务人采取前款所列手段，不缴或者少缴已扣、已收税款，由税务机关追缴其不缴或者少缴的税款、滞纳金，并处不缴或者少缴的税款百分之五十以上五倍以下的罚款；构成犯罪的，依法追究刑事责任

图 1-17 《中华人民共和国税收征收管理法》对偷漏税等行为的处罚

（三）《中华人民共和国刑法》对偷漏税等行为的处罚

《中华人民共和国刑法》中规定，对于偷税的行为，除了要将少缴或未缴的税款补齐外，还根据情节的轻重分别给予相应的罚金和量刑，具体的规定如图 1-18 所示。

1

纳税人采取欺骗、隐瞒手段进行虚假纳税申报或者不申报，逃避缴纳税款数额较大并且占应纳税额 10%以上的，处三年以下有期徒刑或者拘役，并处罚金；数额巨大并且占应纳税额 30%以上的，处三年以上七年以下有期徒刑，并处罚金

2

扣缴义务人采取前款所列手段，不缴或者少缴已扣、已收税款，数额较大的，依照前款的规定处罚

3

对多次实施前两款行为，未经处理的，按照累计数额计算

4

有第一款行为，经税务机关依法下达追缴通知后，补缴应纳税款，缴纳滞纳金，已受行政处罚的，不予追究刑事责任；但是，五年内因逃避缴纳税款受过刑事处罚或者被税务机关给予二次以上行政处罚的除外

图 1-18 《中华人民共和国刑法》对偷税漏税行为的制裁

第二章

招招要见销量的营销常识

销售商品和服务，是企业获得利润的主要方式。怎样才能提高销量，以获得最大利润呢？做好营销是解决之道。本章将具体介绍企业营销的相关常识，让你学会科学地进行市场预测，准确地掌控消费者的消费心理特征，合理地制定产品价格，精确地选择销售渠道。

一、市场预测的方法

为了提高管理水平，减少经营过程中决策的盲目性，我们需要通过市场预测来把握经济发展或未来市场的变化动态，以减少对未来的不确定性，降低经营决策中可能遇到的风险，保证决策目标得以顺利实现。那么，怎样进行科学有效的市场预测呢？

（一）什么是市场预测

市场预测就是人们运用科学的方法，对掌握的各种市场信息和资料进行调查研究，分析和预见未来市场的发展趋势。

市场预测是企业经营管理决策的重要组成部分，通过市场预测可以预见市场未来的发展趋势，为企业经营决策提供有力的参考依据；可以预见消费者对商品具体需求变化的趋向以及竞争对手供货变化的趋向，以促进企业改进产品设计，增强产品的竞争能力。

（二）市场预测的主要内容

市场预测所包含的内容非常广泛，从宏观到微观，各个内容相互联系，相互补充。其主要包括的内容有市场需求预测、市场供给预测、商品价格预测、市场营销预测、商品寿命周期预测、经济效益预测以及技术发展前景预测等内容。

（1）市场需求预测

市场需求预测，就是指对未来市场上商品的容量及其影响因素的发展变化趋势所进行的预测。其所包含的主要内容如图 2-1 所示。

（2）市场供给预测

市场供给预测，就是对营销市场上的商品资源总量及其结构和各种商品的可供给量及其变化趋势进行的预测。市场供给预测主要包括市场供应量预测、供应结构预测、供应变动因素预测等内容。

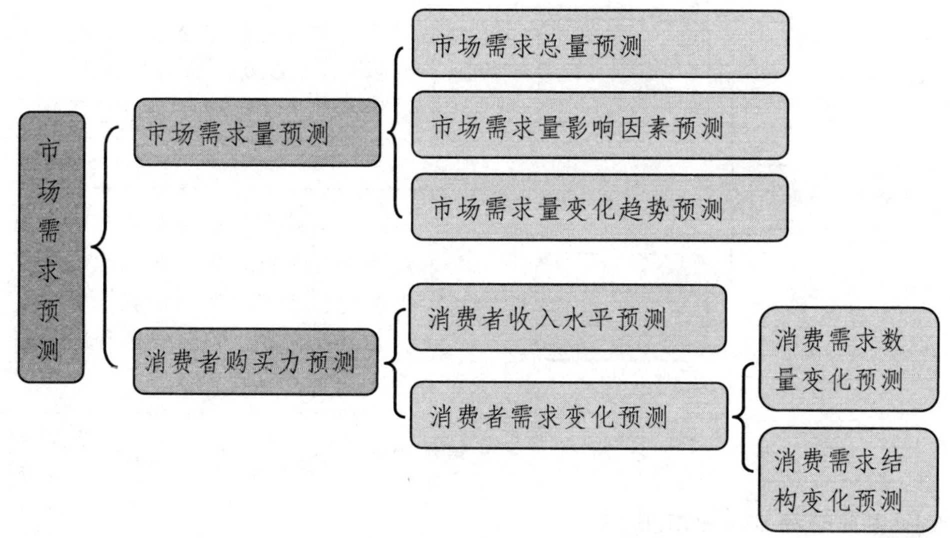

图 2-1　市场需求预测的内容

（3）商品价格预测

商品价格预测就是对商品的未来价格水平和变动趋势以及其影响因素进行的预测。因此，商品价格预测包含三个方面的内容，如图 2-2 所示。

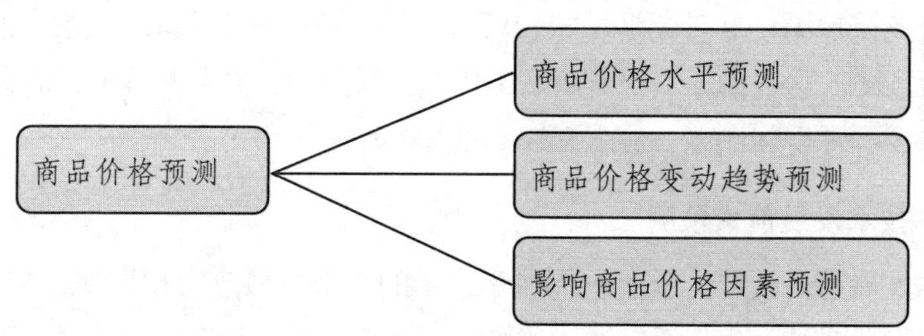

图 2-2　商品价格预测的内容

（4）市场营销预测

市场营销预测，主要就是对企业营销能力和营销发展趋势的预测。对营销发展趋势的预测主要就是指对构成商品营销的各方面要素的发展趋势的预测。市场营销能力预测所包含的主要内容如图 2-3 所示。

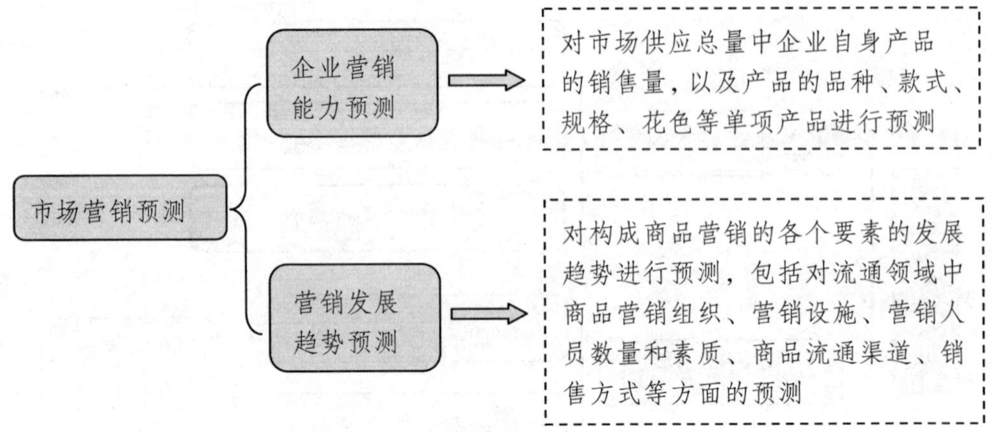

图 2-3　市场营销预测的内容

（5）商品寿命周期预测

商品寿命周期的预测，就是对商品寿命整个过程进行预测，主要包括对商品需求量、销售量、利润水平预测，影响商品需求量、销售量、利润因素的预测以及商品数量饱和点的预测。

（6）经济效益预测

经济效益预测就是对能够反映经济效益的各项指标在未来一定时期内的变化趋势进行预测。这些指标主要有商品销售额、利润额、资金占有率、资金周转率、销售利润率、资金利润率、成本利润率以及劳动生产率等。

（7）技术发展前景预测

技术发展前景预测，就是预测科学技术的未来发展方向和发展趋势，以及科学技术的发展对社会生产活动造成的影响，对企业生产经营活动造成的影响。

（三）市场预测的一般程序

市场预测活动要遵循一定的程序进行，它由若干个相互关联的作业活动组成，预测过程中前一项作业往往会对后一项作业造成很大的影响。因此，清楚地了解市场预测活动中各项作业间的相互联系，有利于提高工作效率，保证整个预测活动的顺利进行。市场预测活动一般分为五个步骤，如图 2-4 所示。

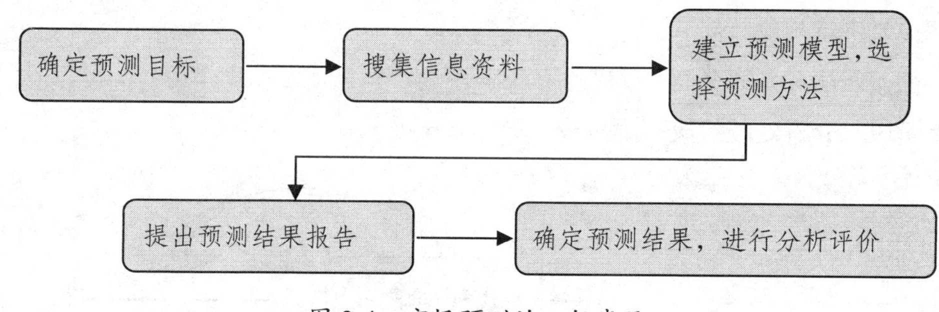

图 2-4　市场预测的一般步骤

（四）市场预测法之对比类推法

对比类推法，又称对比分析法，就是利用事物之间具有共性的特点，由预测人员把预测目标与其他同类或相似的现象加以对比分析，以此推断预测目标未来发展变化趋势的一种方法。

根据类推目标的不同，对比类推法可分为产品类推法、地区类推法、行业类推法和局部总体类推法，如图 2-5 所示。

产品类推法	利用产品之间在功能、构造技术等方面所具有的相似性，类推这些产品的未来市场发展规律
地区类推法	将所要预测的产品同其他地区或国家的同类产品的发展过程或变动趋向进行比较，找出其中相类似的变化规律，以推测预测目标的未来变化趋向
行业类推法	利用相近行业的相近产品的发展变化情况，来类比推测某种新产品的发展变化趋向，常常用于新产品的开发预测
局部总体	将某一企业的普查资料或某一地区的抽样调查资料作为基础，进行分析、判断，预测类推全面或大范围的市场变化趋向

图 2-5　对比类推法的分类

（五）市场预测法之德尔菲法

德尔菲法又称专家小组或专家意见征询法，是以匿名的方式，通过通信方式向一个专家小组进行调查，然后将专家小组的意见加以集中，利用集体的智慧对市场现象进行预测。

德尔菲法具有匿名性、反馈性、综合性的特点，其操作步骤可分为准备阶段、征询阶段和分析处理阶段三个阶段，如图 2-6 所示。

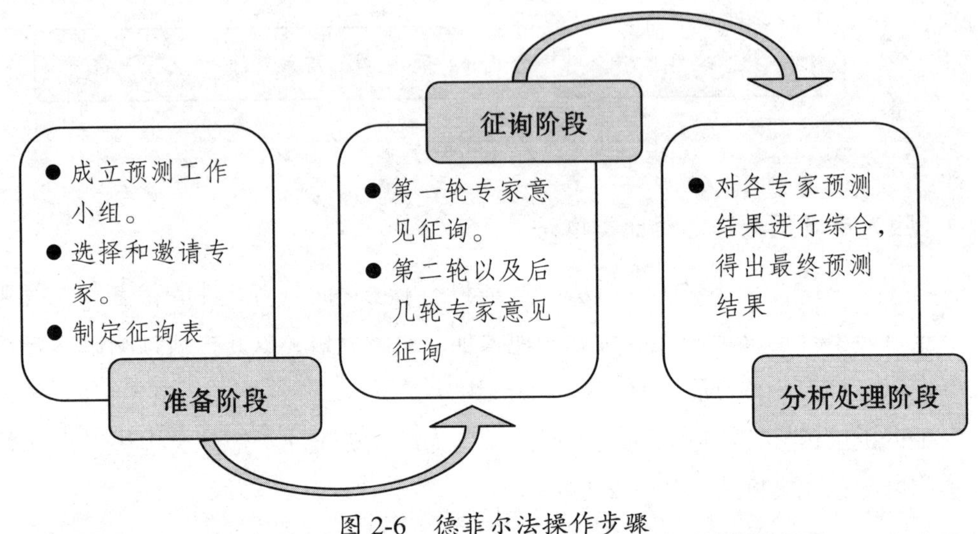

图 2-6　德菲尔法操作步骤

（1）征询意见表的制定

预测组织者要将预测对象的相关调查项目编制成意见征询表，向专家发送电文数据。在制定意见征询表的过程中有几个要点值得注意，如图 2-7 所示。

1	所征询的问题尽量简单、明确，易于答复
2	所提问的问题数量不能过多
3	问题所涉及的内容尽量接近专家熟悉的领域，以便充分利用专家的经验
4	意见征询表中要提供出较为齐全的背景材料，如本行业的发展趋势、企业自身的销售状况、竞争对手销售状况、顾客收入水平、消费趋势等，以供专家参考

图 2-7　制定意见征询表需注意的问题

（2）专家的选择

在选定专家的过程中要注意如图 2-8 所示的几个问题，以提高预测结果的准确性和专业性。

1	所选专家必须对相关业务精通，熟悉市场运行情况，具有预见性分析能力
2	根据课题大小和涉及的宽窄选定人数，一般小课题 5 人左右为宜，大课题 20 人左右为宜
3	各个专家之间不能互相联系，有关课题情况由调查机构以通信的方式进行告知

图 2-8　选择专家时注意的问题

（3）征询过程的实施

进行第三阶段的问卷，在此阶段的问卷中，除了包含第一阶段问卷中所涉及的相同事件外，还包括第二阶段中所估计的事件发生时间的中位数及其上、下四分位数，以及各种理由（将一个数组从小到大排列，中间的那个数就是中位数，上四分位数是指排在 1/4 处的那个数，下四分位数是指排在 3/4 处的那个数），如图 2-9 所示。

第一步	向讨论会成员发送最初阶段问卷，请他们描述在某一领域中可能发生的特殊事件
第二步	请这批专家就问卷中问题（即事件）将在何时发生做出预测，并说明理由
第三步	此阶段的问卷包括第一阶段问卷中的相同事件和第二阶段估计发生事件
第四步	此步骤中所依据的理论，在于每经过一次新的问卷，所得出的答案就会渐次缩小范围

图 2-9　征询过程的实施步骤

（六）市场预测法之集合意见法

集合意见法，就是由预测组织者征集企业内外各方人员对某预测目标的意见，对其进行整理、分析，利用集体的经验、智慧来预测判断事物未来发展趋势的预测方法。

由于企业内的经营管理人员、业务人员对市场需求及其变化动向较为熟悉，他们的判断往往能准确地反映出市场的真实趋向。因此，集合意见法是进行短期、近期市场预测常用的方法。

集合意见法的操作步骤可分为五步，如图 2-10 所示。

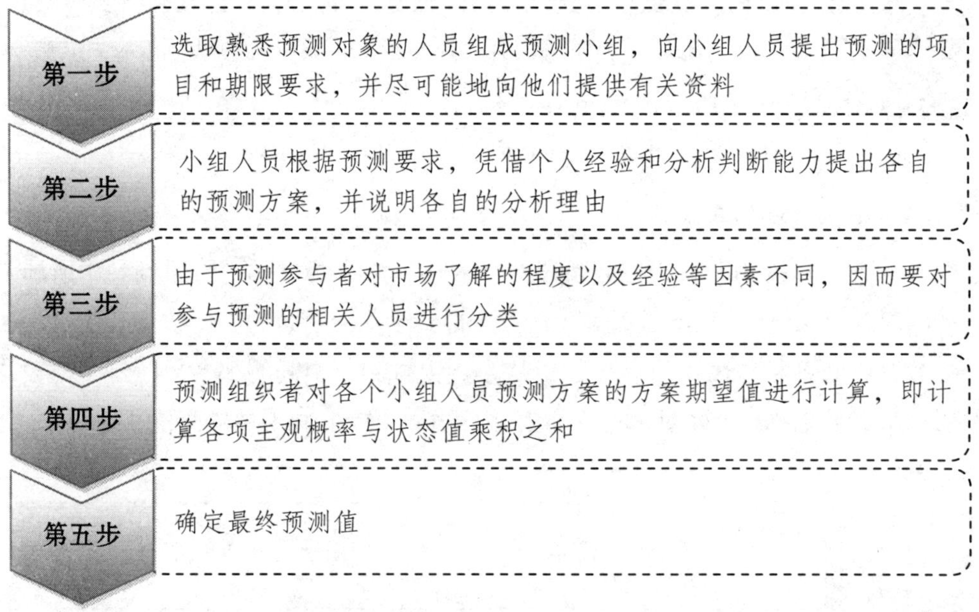

图 2-10　集合意见法操作步骤

（七）市场预测法之时间序列预测法

时间序列法，是指将历史资料和数据，如经济发展、购买力增长、销售变化等，按照时间（时间可以是周、月、季度或年等）顺序加以排列，然后运用一定的数理方法，将时间序列向外延伸，以预测对象未来的发展变化趋向。时间序列预测法主要有平均数预测法、移动平均法、指数平滑预测法和季节指数预测法等。

（1）平均数预测法

平均数预测法，就是将一定观察期内预测变量的平均值作为下一期预测值的预测方法。此种方法具体分为简单算术平均法和加权算术平均法两种计算方法，具体的计算方法见表 2-1。

表 2-1　平均数预测法计算方法

方法类型	计算原理	计算公式
简单算术平均法	过去各个时期的实际数据相加，与时期总数相除，得出算术平均值，将其作为未来时期的预测值	$\hat{y}=\bar{x}=\frac{\sum x_i}{n}$
加权算术平均数	在预测过程中为观察时期内的每一个数据确定一个权数，在此基础上计算其加权平均数，将所得结果作为下一期的预测值	$\hat{y}=\bar{X}_F=\frac{\sum X_iF_i}{\sum F_i}$

（2）移动平均法

移动平均法，是指将观察期内的数据，按照时间的先后顺序进行排列，然后由远及近，以一定的跨越期进行移动平均，求得平均数，并以此为基础，确定预测值的方法。移动平均法能够比较好地修匀时间序列，从而消除不规则变动和季节变动。其可分为一次移动平均法和二次移动平均法，具体的计算方法见表 2-2。

（3）指数平滑法

指数平滑法是通过对预测目标历史统计序列逐层地平滑计算，消除随机因素造成的影响，找出预测目标的基本变化趋势，并以此预测其未来变化趋向的方法。指数平滑法的实质是全部历史数据的加权平均数，一般用于观察期具有长期趋势变动和周期性变动的预测。

表 2-2　移动平均法计算方法

方法类型		计算原理	计算公式
一次移动平均法	简单移动平均法	当时间序列长时间趋于平稳状态时，将最后一组观察值的移动平均值作为下一期的预测值	$F_{t+1}=\frac{X_t+X_{t-1}+X_{t-2}+\ldots+X_{t-n+1}}{n}$
	加权移动平均法	由于样本距预测时点越近，对预测值的影响越大，可采用加权移动平均法	$F_{t+1}=\frac{W_tY_t+W_tY_{t-1}+\ldots+W_tY_{t-n+1}}{\sum W_t}$

续上表

方法类型	计算原理	计算公式
二次移动平均法	以一次移动平均值为基础，再计算一次移动平均值，最后在一次移动平均值与二次移动平均值的基础上建立数学模型，从而确定出预测值	一次移动平均值： $M_t^{(1)}=\frac{X_t+X_{t-1}+X_{t-2}+\dots+X_{t-N+1}}{N}$ 二次移动平均值： $M_t^{(2)}=\frac{M_t^{(1)}+M_{t-1}^{(1)}+M_{t-2}^{(1)}+\dots+M_{t-N+1}^{(1)}}{N}$ 二次平均法的预测模型： $a_t=2M_t^{(1)}-M_t^{(2)}$ $b_t=2/(n+1)\times(M_t^{(1)}-M_t^{(2)})$ $y_{t+1}=a_t+b_t i$（y_{t+1} 为预测值）

指数平滑法主要包括一次指数平滑法、二次指数平滑法，其中一次指数平滑法的计算公式见表 2-3。

表 2-3 指数平滑法计算方法

方法类型	计算原理	计算公式
一次指数平滑法	以计算出来的最后一个一次指数平滑值为基础，确定预测值	$S_{t+1}^{(1)}=\alpha x_t+(1-\alpha)S_t^{(1)}$ （a 为平滑系数，0≤a≤1）

二、不同消费群体的消费心理特征

古人云“攻心为上，攻城为下”，从而使“心战为上，兵战为下”成为营销竞争中的制胜“心经”，而攻心为上对于营销来说，关键就是要抓住消费者的心理。那么，消费者在进行消费活动时会存在着什么样的心理特征与心理活动呢？

（一）消费者的消费心理表现类型

消费者在寻找、选择、购买、使用、评估和处置与自身相关的产品和服务时会产生一些心理活动，就是所谓的消费心理。消费者在消费过程中所表现出的消费心理类型常见的有八种，如图 2-11 所示。

攀比心理	以满足好奇心为主要目的
从众心理	即消费行为上的趋同心理
求异心理	与从众心理相反，一种追求与社会流行不同的消费倾向
求美心理	以追求商品的艺术价值和欣赏价值为主要目的
求便心理	追求商品购买便捷或携带方便
求名心理	希望借助名牌商品提高自己社会地位的心理倾向
偏好心理	指某些消费者对某些特殊产品或消费活动具有执著的追求
推崇权威	指消费者在消费过程中追求权威人物所消费的产品

图 2-11　常见的消费者的消费心理

（二）儿童的消费心理特征

在消费者群体中，儿童既是一个重要的消费群体，又是一个非常特殊的消费群体。他们本身没有消费资本，但是有消费主导性。儿童的消费心理特征主要表现在四个方面，如图 2-12 所示。

从众心理明显	儿童比成人更容易产生从众心理，大多数儿童在消费的时候，往往更倾向于选择别的小朋友都选择的商品，以追求与别人的一致性，从而避免被同龄的小朋友所孤立
较强的认同感	现今的儿童是在广告的包围下成长起来的，他们已成为一个强大的认牌购买群体，一些儿童在消费时会积极、主动地认牌购买，品牌已成为儿童消费时考虑的一个重要因素
盲目，购买快	儿童在购物的时候通常没有太多的目的性，带有很强的随意性和盲目性，加之他们缺乏商品知识和购买经验，识别、挑选商品能力较低，因此，对于别人推荐的商品较少有异议，购买迅速

图 2-12　儿童的消费心理特征

易受刺激	儿童具有很强的好奇心，往往对新奇的事物非常敏感，他们对商品的注意和兴趣一般是由商品的外观刺激所引起的，因此，他们选购商品更多的是取决于商品是否具有新奇、独特的吸引力

图 2-12 儿童的消费心理特征（续）

因此，在面对儿童消费群体的时候，一定要注意抓住儿童的消费心理特征，注意改善商品的外观形象，充分发挥商品的直观形象作用，同时注意建立商品的品牌形象，提高品牌的忠诚度。

（三）青年人的消费心理特征

在我国，青年消费者占有非常大的比重，这类人群也是各类企业竞相争夺的主要消费对象。因此，了解青年消费者的消费心理特征，对于企业的经营和发展具有非常重要的意义。一般来说，青年消费者的消费心理特征主要表现在如图 2-13 所示的几个方面。

追求时尚，标新立异

青年人热情奔放、思想活跃、喜欢冒险，因此，在消费心理上，他们热衷于追求时尚和新颖，喜欢尝试新的产品和生活，在他们的带领下往往能形成新的消费时尚

体现个性，表现自我

他们喜欢购买能够体现出自己个性特征的特色商品，对于一般化、不能展现个性的商品往往会不屑一顾

注重情感，容易冲动

容易产生冲动性购买，在选购商品的时候常常会受到感情因素的主导，对商品的好恶往往取决于其是否能满足自己的情感愿望，只要是喜欢的东西就要尽力得到，迅速做出购买决定

图 2-13 青年人的消费心理特征

（四）中年人的消费心理特征

中年人心理成熟，个性表现比较稳定，他们做事比较稳重，不再感情用事，而是能够理智地分析处理问题。他们的这一心理特征在购买行为中主要有如图 2-14 所示的几点表现。

理智购买，不冲动

较少受到商品外观因素的影响，比较重视商品的性能和质量，在做出购买决定之前常常要做一番比较、分析，很少做出冲动、随意购买的行为

计划性较强

在购买之前常常会对商品的品牌、价位、性能乃至购买的地点、时间都做出妥善安排，绝不购买不需要、不合适的商品，很少有即兴购买和计划外的开支

追求实用、节俭

更加注重商品结构的合理性、使用便捷性、经济耐用性，对于新产品他们关心是否比同类旧产品更具有实用性。商品较高的实际效用、较好的外观与合适的价格的统一，是引起他们购买的动因

随俗求稳，追求便利

更加关注其他顾客对商品的评价，喜欢选择大众化、易于被接受的商品，表现出更多的稳重性，更多地追求便利性的商品

购买有主见

对商品具有较强的分析鉴别能力，喜欢挑选自己喜欢的商品，对别人的推荐和介绍有一定的分析判断能力，对广告一类的宣传有较强的评判能力，较少受广告的影响

图 2-14　中年人的消费心理特征

对于中年消费者，在商品设计上要突出实用性、便利性，提供更好的现场服务，商品的促销广告活动更加理性化。

（五）老年人的消费心理特征

面对竞争日益激烈的市场环境，把握老年人的消费心理也是不容忽视的问题。老年人所具有的消费心理特征主要表现在以下三点，如图 2-15 所示。

1	富于理性，在消费时比较谨慎，对商品的品种、用途、质量、价格等都会做详细了解
2	富有主见，不易受到外界影响
3	追求商品的便利性，拥有较高的品牌忠诚度

图 2-15　老年人的消费心理特征

在向老年消费者进行促销时，不能一味地向他们兜售商品，而是应该多尊重和听取他们的意见，向他们晓之以理；此外，要注重商品品牌形象，培养他们的品牌忠诚度。

（六）不同性别群体的消费心理特征

女性和男性不仅在生理上存在差异，在心理以及行为等方面也存在一定的差异，这些心理差异也都会表现在消费活动中，如图 2-16 所示。

女性消费心理特征

- 追求时尚，注重商品的式样、色彩。
- 易受感情支配，喜欢从众。
- 喜欢炫耀，追求高档产品，不注重商品的实用性

男性消费心理特征

- 购买行为更具目的性和理智性。
- 购买动机具有被动性，缺乏灵活性。
- 感情色彩淡薄，即使出现冲动性购买，也较少反悔退货。
- 购买过程缺乏耐性，喜欢选择具有明显男性特征的商品

图 2-16　不同性别的消费心理特征

（七）不同收入群体的消费心理特征

以经济收入高低为标准，可将消费者分为高收入消费者、中等收入消费者和低收入消费者三类。经济收入不同的消费者，在消费过程中会有不同的心理表现，如图 2-17 所示。

收入群体	心理特征
高收入	逐名心理：追求商品的品牌知名度，较少考虑商品质量、价格
	攀比心理：购买商品追求“人无我有，人有我优”，不注重商品的实用性
	冒险心理：勇于尝试新产品
	享乐心理：更加追求精神上的享受
中等收入	追求的是商品的实际用途
	较少追求名牌，关注更多的是产品或商品的象征意义
低收入	讲究节约，价格的高低对他们影响很大，对商品的折价、促销等感兴趣
	害怕冒险，注重商品的质量，喜欢购买被人购买过或自己使用过的商品

图 2-17　不同收入群体消费心理特征表现

三、产品定价方法和策略

产品价格往往是影响交易成败的重要因素，同时也是市场营销组合中最难确定的因素。企业定价的目标就是促进销售，获得利润，这就要求企业在定价的时候既要考虑对产品成本的补偿，同时还要考虑消费者对价格的接受能力，从而使商品的定价同时满足买卖双方的需求。

（一）产品定价的步骤

企业定价不仅是一门科学，更是一门艺术。一般来说，产品定价的具体步骤可分为六步，如图 2-18 所示。

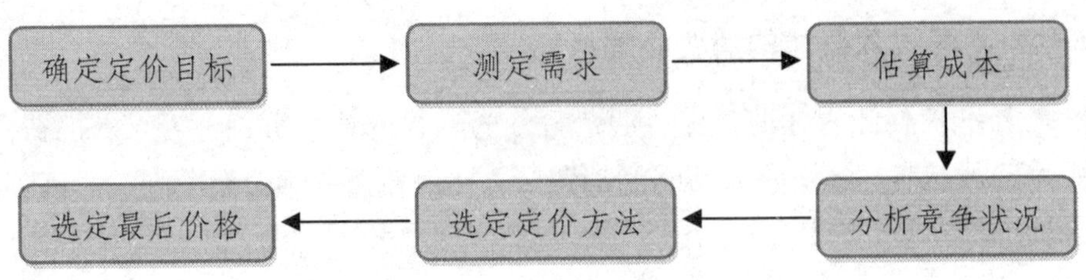

图 2-18 产品定价的一般步骤

（二）定价方法之成本导向定价法

成本导向定价法是以产品单位成本为基本依据，再加上预期利润来确定价格的方法。它是企业定价首先需要考虑的方法，也是企业最常用、最基本的定价方法。成本导向定价法具体分为成本加成定价法、目标利润定价法、边际成本定价法，具体的操作方法见表 2-4。

表 2-4 成本导向定价法计算方法

成本定价法类型	计算原理	计算方法
成本加成定价法	在单位产品成本上加上一定的利润金额，形成价格	以成本为基础加成： 产品价格＝单位产品成本×（1＋成本加成率） 以进价为基础加成： 产品价格＝进价／（1－毛利率）
目标利润定价法	根据预期销售量和销售额来制定价格	产品价格＝（总成本＋目标利润额）／预期销售量 其中： 总成本＝固定成本＋变动成本 目标利润额＝总投资额×投资收益率 投资收益率＝（1／投资回收年限）×100%
边际成本定价法	只考虑变动成本，忽略固定成本，以预期的边际贡献适当补偿固定成本	产品价格＝（总可变成本＋边际贡献）／生产量

（三）定价方法之需求导向定价法

需求导向定价法是以市场对产品的需求强度以及消费者感受体验为主要依据的定价方法。这种定价方法以顾客的需求为出发点，认为企业生产商品就是为了满足顾客的需求，因此，制定产品价格应该以顾客对商品价值的理解为依据。

需求导向定价法具体可分为认知价值定价法、反向定价法和需求差异定价法三种。

（1）认知价值定价法

认知价值定价法，就是根据顾客对商品价值的感受和理解程度来制定商品的价格，而不是以商品成本为依据。运用这种定价方法的关键是能够准确地确定市场对所提供价值的认知。

（2）反向定价法

反向定价法，又称倒推定价法，就是以消费者能够接受的最终销售价格为依据，计算自己从事经营的成本和利润之后，逆向推算出产品的价格。

这种定价方法以市场需求为定价的出发点，力求使价格能够被消费者所接受，常用于分销渠道的批发商和零售商的定价。

这种定价方法的具体做法如图 2-19 所示。

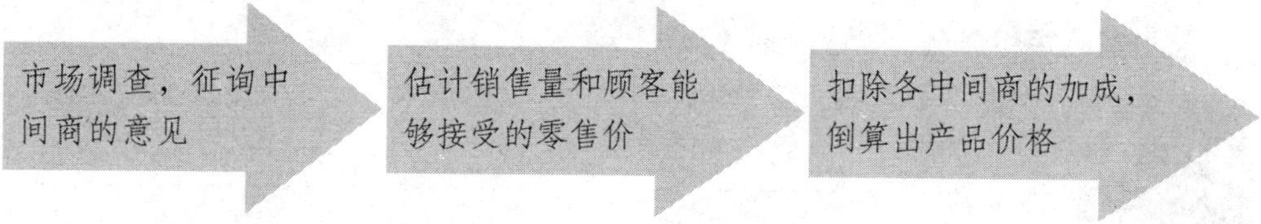

市场调查，征询中间商的意见 → 估计销售量和顾客能够接受的零售价 → 扣除各中间商的加成，倒算出产品价格

图 2-19　反向定价法操作步骤

（3）需求差异定价法

需求差异定价法，是指同一种商品，针对不同的销售对象、时间、地点、产品式样等来制定不同的价格。采用这种定价方法，必须具备三个方面的条件，如图 2-20 所示。

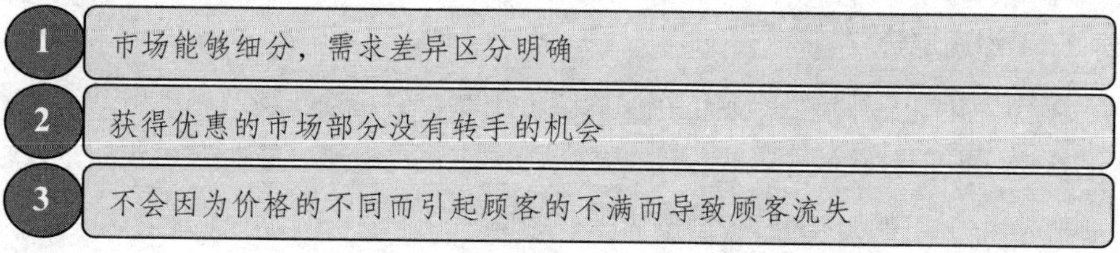

1. 市场能够细分，需求差异区分明确
2. 获得优惠的市场部分没有转手的机会
3. 不会因为价格的不同而引起顾客的不满而导致顾客流失

图 2-20　采用需求差异定价法必须具备的条件

（四）定价方法之竞争导向定价法

竞争导向定价法，是指以竞争为中心，以竞争者的价格为定价基础的定价方法。这种定价方法主要包括随行就市定价法和投标定价法，具体含义如图 2-21 所示。

随行就市定价法	按照行业的平均现行价格水平来定价，是一种与同行和平共处、比较稳妥的定价方法，可避免风险
投标定价法	通过投标竞争的方式确定商品的价格，常用于建筑承包、大型设备制造、政府大宗采购等定价

图 2-21　竞争导向定价法的类型

（五）定价策略之新产品定价策略

新产品定价策略主要包括撇脂定价策略、渗透定价策略和满意定价策略。

（1）撇脂定价

撇脂定价是指企业以追求最大利润为目标，在新产品上市初期，利用顾客的求新心理，将产品价格定得较高，以求在短期内迅速获取较高利润。就好像是从烧热的牛奶上取走油脂精华一样，撇脂定价实质就是一种高价策略。

采用撇脂定价首先要满足的条件，如图 2-22 所示。

1	新产品比市场上现有的产品有显著的优点
2	市场有足够的购买者，商品需求价格弹性较小，即使价格较高，市场需求也减少不大
3	高价条件下竞争对手少

图 2-22　撇脂定价的适用条件

（2）渗透定价

渗透定价是一种与撇脂定价相反的定价策略，就是指在新产品上市初期，将产品价格定得相对较低，以吸引购买者，提高市场占有率。这种定价策略是以较低的价格进入市场，具有明显的渗透性和排他性。

实施渗透定价要满足两个方面的先决条件，如图 2-23 所示。

1	商品拥有较大的市场规模，存在着强大的竞争潜力
2	商品的需求价格弹性较大，降低价格就能够增加需求量，通过大批量生产能降低生产成本

图 2-23　实施渗透定价必须满足的条件

（3）满意定价

满意定价策略，就是商品价格适中，同时兼顾生产者、中间商以及购买者的利益，使各方都能感到满意。这种定价策略的价格比较稳定，正常情况下能够实现企业盈利的目标，获得中间商和购买者的广泛合作，但此种策略应变能力差，不适用于多变和竞争激烈的市场环境。

（六）定价策略之心理定价策略

心理定价策略，就是在定价的时候利用消费者的消费心理来定价的策略，主要包括尾数定价、整数定价、声望定价、招徕定价四种，如图 2-24 所示。

尾数定价	● 保留价格尾数，以零头标价，使购买者产生价格低廉的感觉 ● 最常用的以“5”“8”“9”结尾 ● 适用于价格弹性较大的零售商品
整数定价	● 采用合零凑整的方式，为产品制定整数价格 ● 适用于需求价格弹性小，价格再低不会对需求产生较大影响的商品，如时尚品、奢侈品、礼品等
声望定价	● 针对人们优质价高的心理，对富有盛誉的产品制定较高的价格 ● 适用于知名度高、有较大市场影响、受欢迎的驰名商品，以及一些传统的名优产品和具有历史渊源的民族特色产品
招徕定价	● 将某种或几种商品的价格定得较低，以吸引顾客采购廉价商品，同时选购其他正常价格的商品 ● 适用于综合性百货商店、超级市场、高档商品专卖店

图 2-24　心理定价策略

（七）定价策略之折扣定价策略

为了鼓励顾客尽快付清货款、大量购买、淡季购买，酌情降低商品的基本价格，就是折扣定价策略，其主要包括数量折扣、现金折扣、业务折扣、季节折扣四种，如图 2-25 所示。

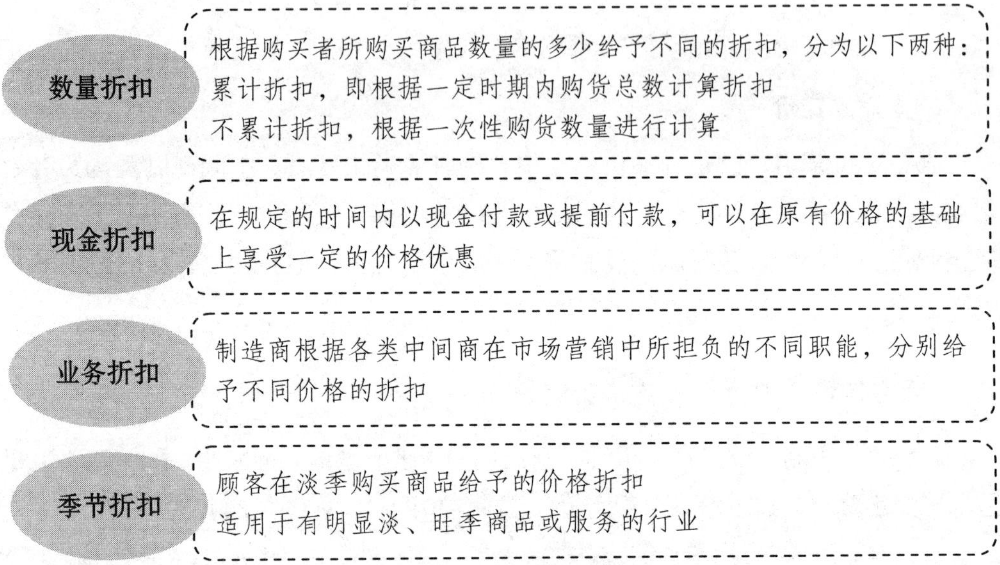

数量折扣	根据购买者所购买商品数量的多少给予不同的折扣，分为以下两种： 累计折扣，即根据一定时期内购货总数计算折扣 不累计折扣，根据一次性购货数量进行计算
现金折扣	在规定的时间内以现金付款或提前付款，可以在原有价格的基础上享受一定的价格优惠
业务折扣	制造商根据各类中间商在市场营销中所担负的不同职能，分别给予不同价格的折扣
季节折扣	顾客在淡季购买商品给予的价格折扣 适用于有明显淡、旺季商品或服务的行业

图 2-25　折扣定价策略

（八）定价策略之产品组合定价策略

产品组合定价，就是指在同时生产多种产品的时候，定价出发点是整个产品组合实现利润最大化，而不是单个产品。换句话说，就是寻求在整个产品组合方面能够获得更大利润的共同价格。具体的做法如图 2-26 所示。

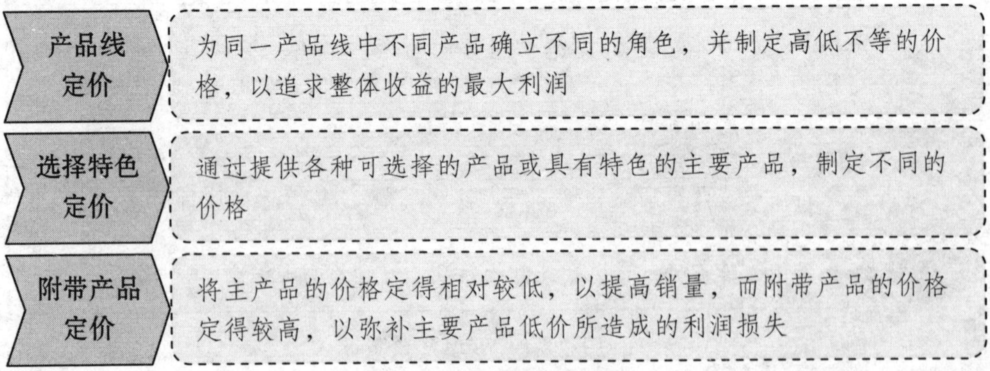

产品线定价	为同一产品线中不同产品确立不同的角色，并制定高低不等的价格，以追求整体收益的最大利润
选择特色定价	通过提供各种可选择的产品或具有特色的主要产品，制定不同的价格
附带产品定价	将主产品的价格定得相对较低，以提高销量，而附带产品的价格定得较高，以弥补主要产品低价所造成的利润损失

图 2-26　组合定价策略

分部定价	服务性的公司常常在收取固定费用之外，再加收一笔可变的使用费
副产品定价	在能够产生副产品的产品中，根据副产品的价值定价，副产品收入多，将使企业更易于为其主要产品制定较低的价格
产品系列定价	将几种产品组合起来，并制定出较低的价格

图 2-26　组合定价策略（续）

（九）定价策略之地区定价策略

地区定价策略，其实质就是决定对于销售给不同地区顾客的某种商品，是制定相同的价格还是分别制定不同的价格。这种定价策略包括 FOB 原产地定价、统一运送定价、区域运送定价、基点定价、免除运费定价，如图 2-27 所示。

FOB 原产地定价	在生产地所在的市场交货，由买主负担全部的运输费用和运输途中遭受损失的风险
统一运送定价	由买方负责产品的运送，对于所有购买者，不论路途远近都收取相同的运费，适用于运费占产品价格比例较小的产品，如电子元器件
区域运送定价	销售者将市场划分为几个大的区域，在相同的区域内实行相同的定价
基点定价	选定某个城市为基点，然后以出厂价加上基点城市到顾客所在城市的运费为依据来定价
免除运费定价	急于同某顾客或某地区的顾客做生意的销售商，为了促成成交会免除全部或部分运费

图 2-27　地区定价策略

四、销售渠道的选择

销售渠道，是指某种货物或劳务从生产者向消费者转移时，取得这种货物或劳务所有权或帮助转移其所有权的企业或个人。简单地说，销售渠道就是商品和服务从生产者向消费者转移过程的具体通道或路径。

（一）直接渠道和间接渠道对比

直接渠道，是指产品从生产领域流向消费领域的过程中，不经过其他任何中间商的渠道类型。也就是说，产品直接从生产者手中转移到消费者手中。直接渠道的销售方式有上门推销、邮寄销售、电视电话销售、厂家直营店、直接向生产者订货、合约销售等。

间接渠道，又称间接销售，就是说产品从生产领域向消费领域转移的过程中要经过若干个中间环节的销售渠道。

直接渠道和间接渠道分别拥有各自的优缺点和适用性，如图 2-28 所示。

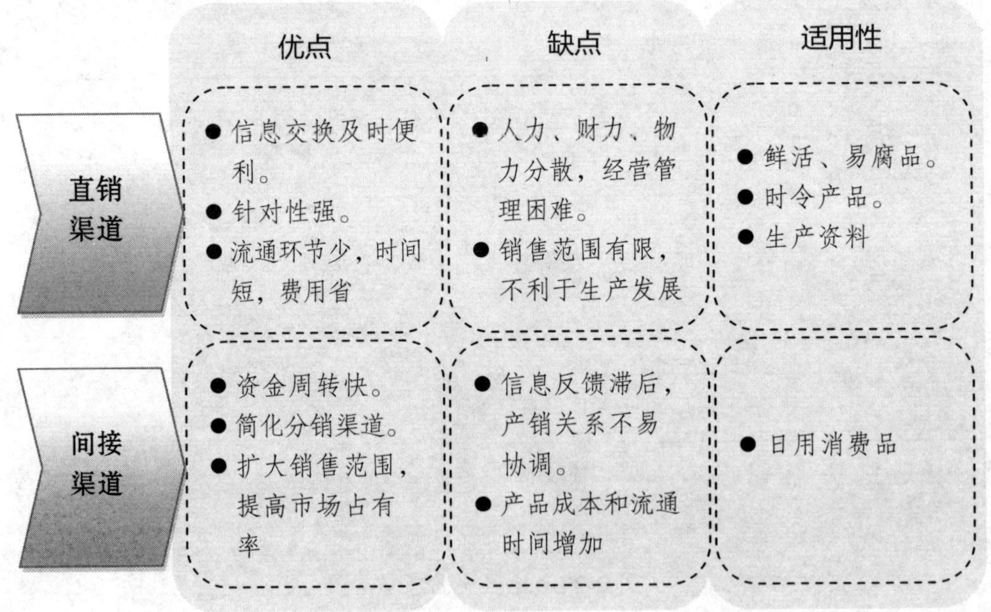

图 2-28　直接渠道和间接渠道对比

（二）长渠道和短渠道对比

商品从生产者向消费者转移的过程中，要经过若干流通环节或中间层次（如批发商、代理商、零售商等）。商品流通过程中，经过的环节或层次越多，分销渠道就越长；反之，分销渠道越短。

（1）长渠道

长渠道，就是要经过两个或两个以上中间环节的产品销售渠道。采用长渠道能够提高生产者的销售管理效率，且生产者承担的商业责任和商业风险较小。长渠道的具体形式如图 2-29 所示。

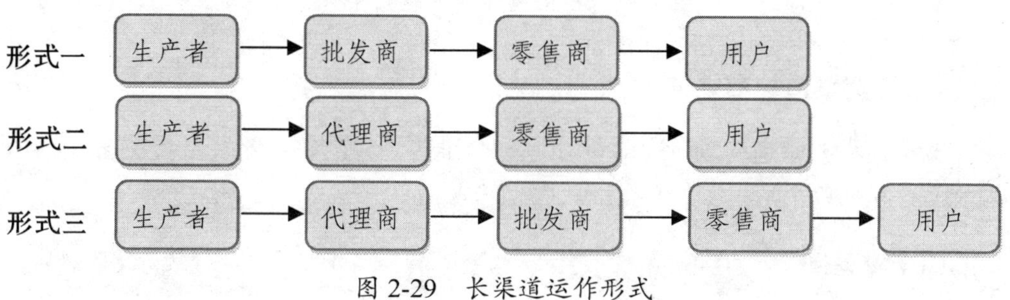

图 2-29 长渠道运作形式

（2）短渠道

短渠道就是没有经过或只经过一个中间环节的产品销售渠道。采取这种销售渠道方式有利于生产者准确掌控终端，促进厂商之间的关系，同时节约流通费用。短渠道方式的具体运作形式如图 2-30 所示。

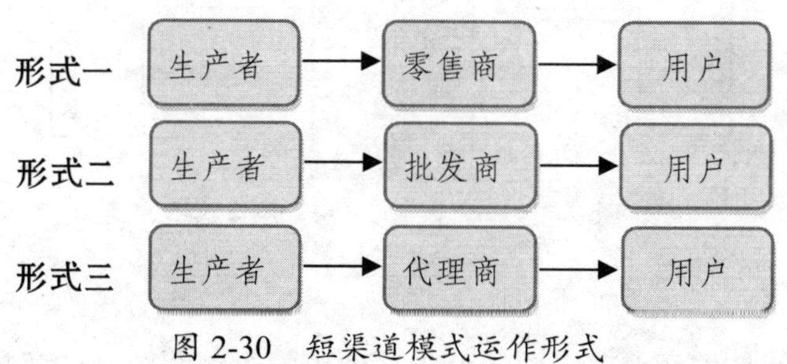

图 2-30 短渠道模式运作形式

短渠道也有一定的适用条件，如图 2-31 所示。

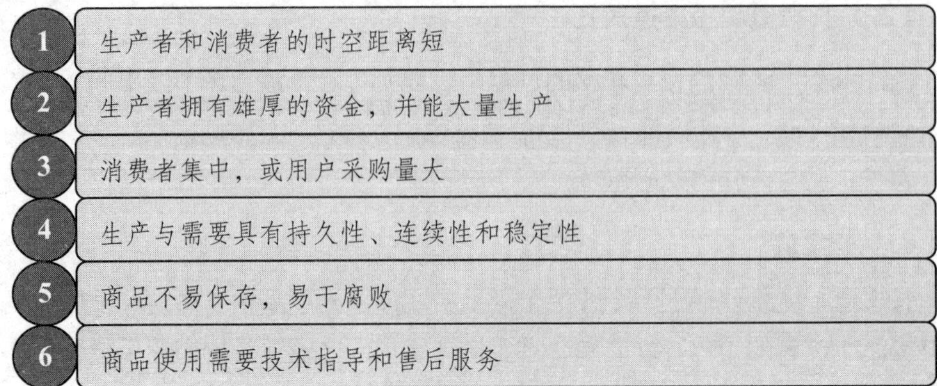

图 2-31　短渠道销售的适用条件

（三）宽渠道与窄渠道

宽渠道和窄渠道的划分，是以在同一个地区开设的销售路径数量的多少为依据的。

（1）宽渠道

宽渠道，就是说生产者在每一个层级上选择多个中间商进行商品的推销。图 2-32 所示为矿泉水所采取的宽渠道销售的运作模式。

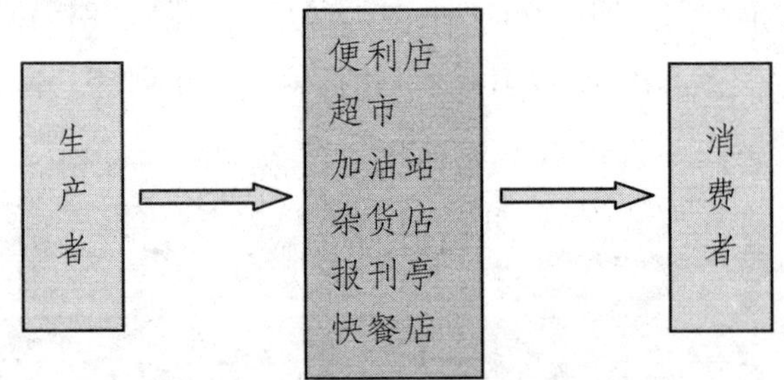

图 2-32　矿泉水宽渠道运作模式

（2）窄渠道

窄渠道，就是生产者在中间环节中只选择一个中间商进行商品推销，如某高端手表，其窄渠道运作模式如图 2-33 所示。

图 2-33　某高端手表窄渠道运作模式

（3）宽窄渠道的分销方式

在实际的经营过程中，企业究竟应该选择多少个中间商来为自己推销商品？采用宽渠道还是窄渠道？依据销售渠道的宽窄，主要有三种分销方式，如图 2-34 所示。

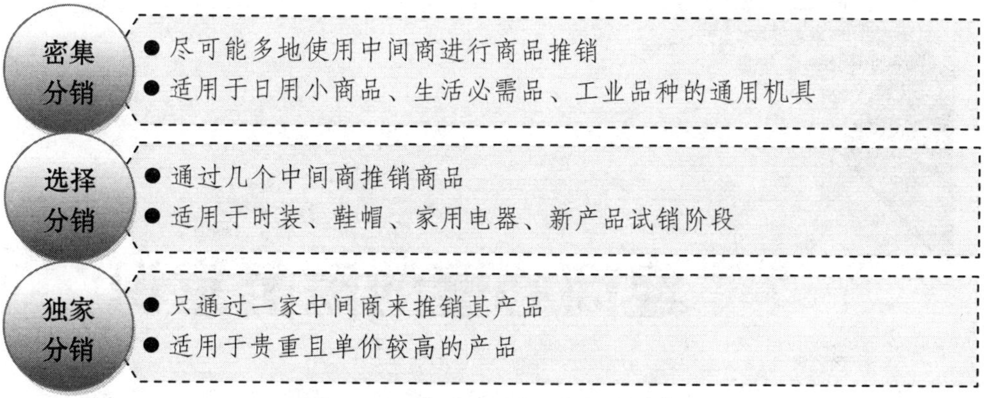

密集分销
- 尽可能多地使用中间商进行商品推销
- 适用于日用小商品、生活必需品、工业品种的通用机具

选择分销
- 通过几个中间商推销商品
- 适用于时装、鞋帽、家用电器、新产品试销阶段

独家分销
- 只通过一家中间商来推销其产品
- 适用于贵重且单价较高的产品

图 2-34　渠道宽度下的分销模式

（四）中间商的类型

中间商，就是处于生产者和消费者之间的，参与商品流通业务，促进买卖行为发生和实现的组织或个人，它包括经销商和代理商。两者存在一定的区别，如图 2-35 所示。

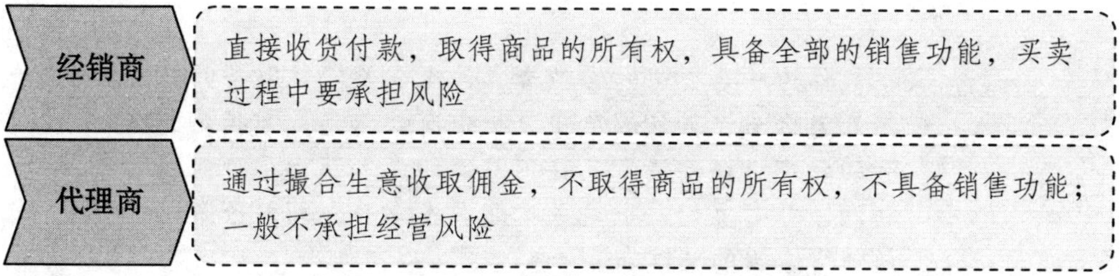

经销商：直接收货付款，取得商品的所有权，具备全部的销售功能，买卖过程中要承担风险

代理商：通过撮合生意收取佣金，不取得商品的所有权，不具备销售功能；一般不承担经营风险

图 2-35　中间商的类型

第三章

经商必懂的财务常识

作为一名公司的管理者，你至少要清楚财务的三大报表怎么看，并能够从中分析出有效信息，掌控企业经营的状态；还要清楚怎样用最低的成本获得尽可能多的利润，精心算好每一笔成本账。本章将介绍财务常识中最值得掌握的关键点。

一、企业的财务管理模式

财务管理是企业管理的核心，它贯穿于企业的一切经济活动之中。在现代竞争异常激烈的时期下，科学有效的财务管理模式对加强企业的财务管理，合理分配企业的资产，充分发挥企业的优势，实现企业的总体目标起着非常重要的作用。

（一）什么是企业的财务管理模式

企业的财务管理模式，就是指企业集团为实现总体财务目标而设计的财务管理体制、管理机构及组织分工等各项要素的有机结合，其主要涉及重大财务决策权限在母子公司之间的划分，包括融资决策权、投资决策权、资金管理权、资产处置权，以及收益分配权等。

（二）集权式财务管理模式

所谓集权管理，就是指集团的最高领导层掌握企业的经营权（包括财务权）、决策权，下属企业只享有日常业务的决策权和具体执行权，企业领导层严格控制，下属企业基本按照领导层的决定从事生产经营活动。

企业集团采用集权式财务管理模式，可以有效提高财务管理效率，促进企业集团财务资源的合理配置，降低资金成本，更能有效发挥母公司财务专家的作用，降低企业集团的财务风险和经营风险。因此，大多数企业一般采取此种财务管理模式。

（1）集权式财务管理模式的主要框架

在集权式财务管理模式中，分割财权的主体分别是董事会、总经理、集团财务部、各子公司财务部，它们都是形式财权的主体，其框架结构如图 3-1 所示。

（2）集权式财务管理模式的财权配置

在集权式财务管理模式中，母公司享有重大财务管理的决策权，子公司只享有部分财务管理的决策权。根据财权的不同种类，集团母公司与下属子公司之间逐层进行财权配置，详见表 3-1。

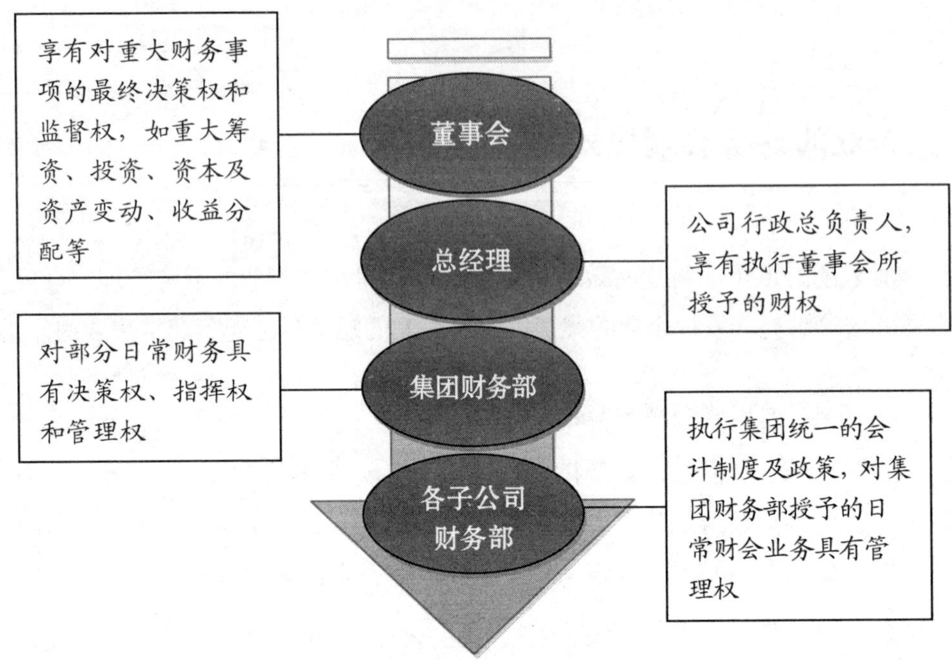

图 3-1　集权式财务管理模式基本框架

表 3-1　集权式财务管理模式的财权配置

财权项目	母公司权利	子公司权利
融资决策权	重大投资项目的融资，超出资产负债率的举债融资，租赁融资，发行股票，发行债券，母子公司改制所涉及的融资问题	限额举债，提存的折旧费，税后利润留成，经母公司审查或备案的融资
投资决策权	对外投资权	流动资产投资决策权，简单再生产范围内的技术改造权，限额的固定资产投资权
资产处置权	监控子公司重要资产的处置	流动资产及其他资产处置权，经母公司审批的对外长期投资、无形资产、关键设备等重要事项及资产处置
资本运营权	子公司资本运营活动的决策权	一般没有资本运营权
资金管理权	集团内部资金集中统一管理	资金日常管理和收支核算，限额的资金支付权

续上表

财权项目	母公司权利	子公司权利
成本费用管理权	间接管理子公司的成本费用，监督管理子公司计提的各项税金、基金及附加税、保险费	向母公司汇缴所计提的各项税金、基金及附加税、保险费
收益分配权	支配、调度全资子公司的可分配利润，制定控股、参股公司的收益方案	享有一定比例的利润留成

（三）分权式财务管理模式

分权式财务管理模式，就是指在企业的经营过程中，将经营管理权和决策权分配给下属单位，集团最高层只集中掌握少数关系到集团全局利益和发展的重大决策权。

此种财务管理模式在财务、管理、业务、利益分配方面具有一定的特点，如图 3-2 所示。

财务方面	在资本融入及投出和运用、财务收支费用开支、财务人员的选聘和解聘、职工工资福利及奖金等方面，子公司享有充分的决策权，并可根据市场环境和公司自身情况做出重大财务决策
管理方面	母公司对子公司以间接管理为主，不采用指令性的计划方式干预子公司的生产经营活动
业务方面	母公司鼓励子公司积极参与市场竞争，抢占市场份额
利益方面	母公司通常会将利益向子公司倾斜，以使子公司增强实力

图 3-2　分权式财务管理模式的特点

（四）混合型财务管理模式

混合型财务管理模式，就是指集权与分权相结合的财务管理模式。它是在集权指导下的分散管理模式，强调在分权的基础上集权，集资金筹集、运用、回收与分配为一体，参与市场竞争，自上而下的多层决策的集权模式。

制度统一、资金集中、信息集成和人员委派是混合型财务管理模式的核心内容，如何分配其集权内容和分权内容，如图 3-3 所示。

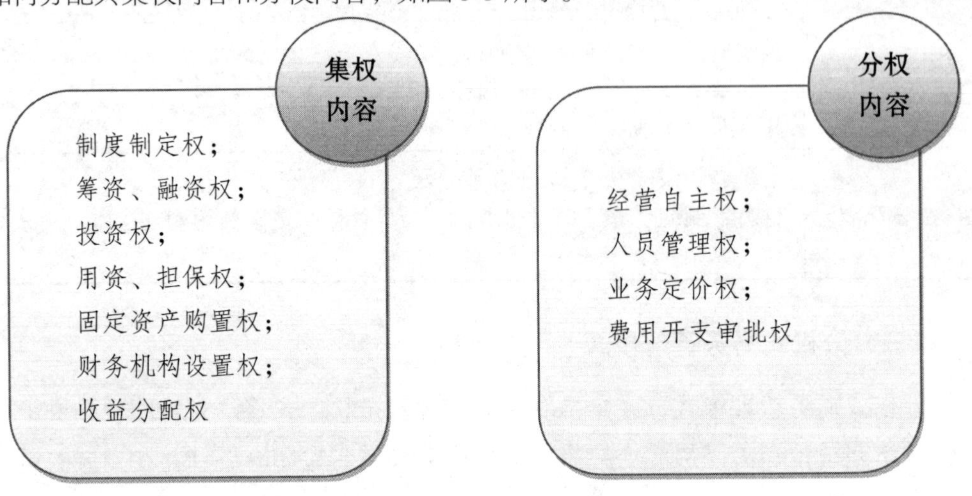

图 3-3　混合型财务管理模式的一般内容

二、学会看懂会计报表

对于一个国家来说，外交无小事；而对于一家企业来说，管理无小事。新经济时代，财务管理是企业管理的最重要的组成部分之一。拥有成功财务管理的企业必将是成功的企业。因此，掌握财务会计知识是必不可少的。

（一）会计报表的构成要素

一套完整的会计报表由资产负债表、利润表、现金流量表、所有者权益变动表（或股东权益变动表）和财务报表附注等部分构成。

通俗地说，资产负债表就是企业的底牌，主要反映企业资产和负债情况的对比情况；利润表是企业的面子，主要反映企业的盈利状况；现金流量表是企业的日常生活记录，主要反映企业资金流动状况。

因此可以说，资产负债表、利润表、现金流量表和所有者权益变动表分别从不同的角度反映了企业的经营状况及竞争力，如图 3-4 所示。

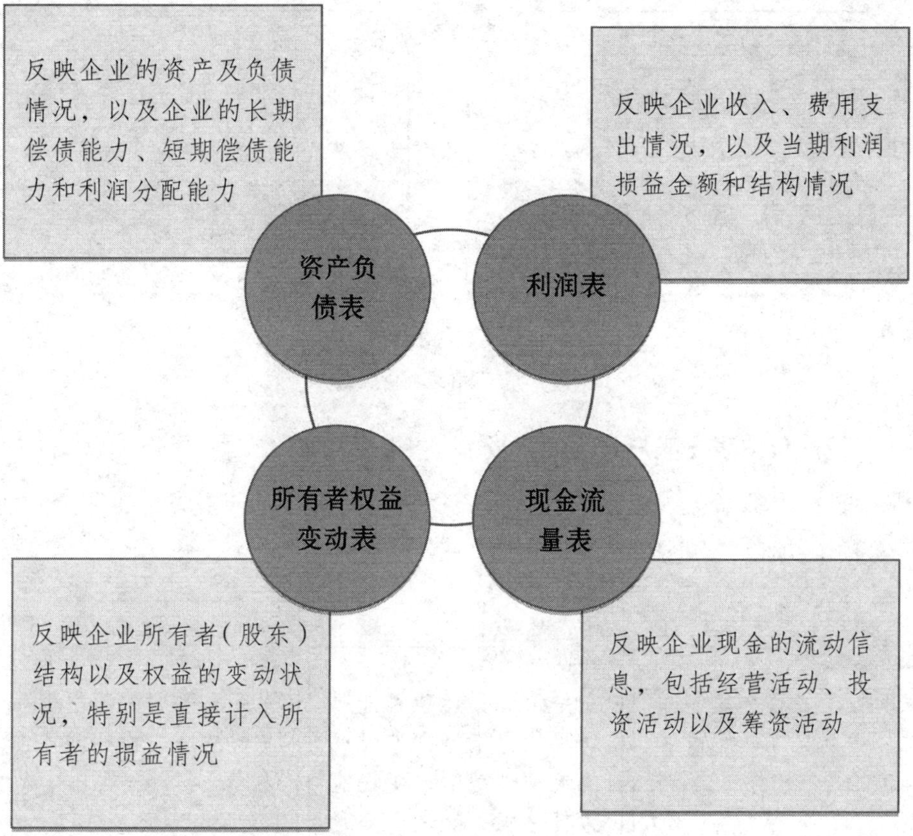

反映企业的资产及负债情况，以及企业的长期偿债能力、短期偿债能力和利润分配能力

资产负债表

反映企业收入、费用支出情况，以及当期利润损益金额和结构情况

利润表

所有者权益变动表

反映企业所有者（股东）结构以及权益的变动状况，特别是直接计入所有者的损益情况

现金流量表

反映企业现金的流动信息，包括经营活动、投资活动以及筹资活动

图 3-4 会计报表的构成要素

（二）如何看懂资产负债表

资产负债表反映了企业在某一特定日期内（月末、年末）的财务状况，包括全部资产、负债和所有者权益的情况。资产负债表可以帮助使用者全面了解企业的财务情况，分析企业的偿债能力，为其做出正确的经济决策提供依据。

(1) 资产负债表的格式

目前，资产负债表的格式主要有两种，即报告式资产负债表和账户式资产负债表，账户式应用较为广泛。在分项列示的形式上两者有所不同，如图 3-5 所示。

但是，不管采取何种格式，都必须遵循“资产=负债+所有者权益”这一等式。

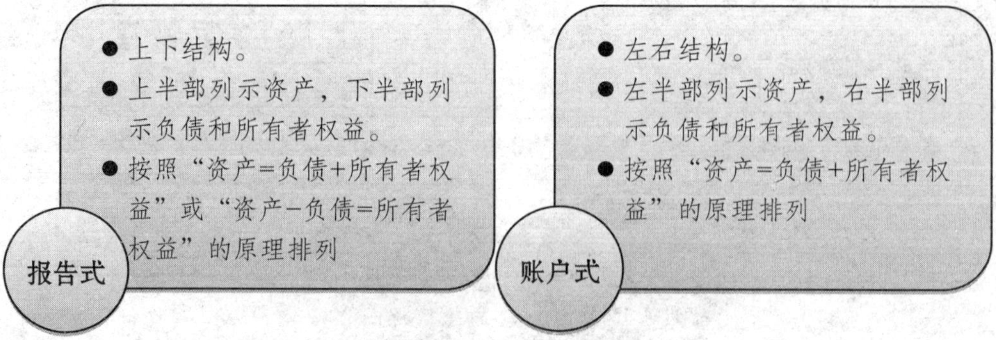

报告式	账户式
●上下结构。 ●上半部列示资产，下半部列示负债和所有者权益。 ●按照“资产=负债+所有者权益”或“资产−负债=所有者权益”的原理排列	●左右结构。 ●左半部列示资产，右半部列示负债和所有者权益。 ●按照“资产=负债+所有者权益”的原理排列

图 3-5　资产负债表的格式类型

（2）资产负债表（账户式）的组成

账户式资产负债表一般由表首、正表和补充材料三部分组成，各部分分别反映报表的不同项目，如图 3-6 所示。

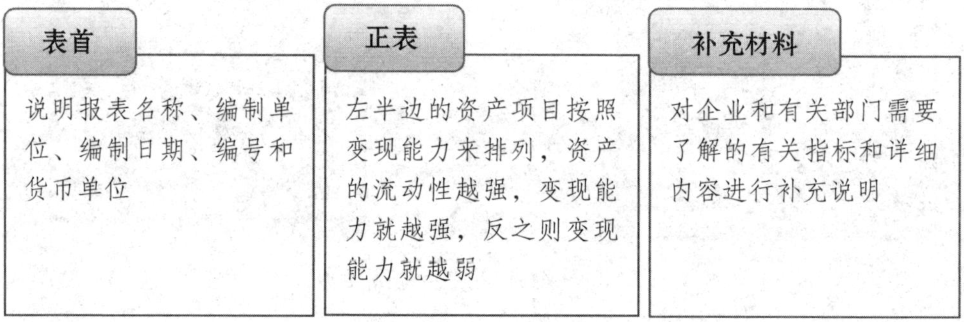

表首	正表	补充材料
说明报表名称、编制单位、编制日期、编号和货币单位	左半边的资产项目按照变现能力来排列，资产的流动性越强，变现能力就越强，反之则变现能力就越弱	对企业和有关部门需要了解的有关指标和详细内容进行补充说明

图 3-6　资产负债表（账户式）的组成部分

（3）资产负债表正表排列内容

资产负债表的正表主要由三大部分组成，即资产、负债和所有者权益。其中，资产指企业在某一特定时期内的所有资产，包括流动资产和非流动资产，在这两种类别下再进一步按照性质分项列示。

负债指企业所有对外的负债情况，包括流动负债和非流动负债，在此两种类别下再进一步按照性质分项列示。

所有者权益指企业所有者在某一特定时期内所拥有的净资产的总额。资产负债表正表所包含主要内容详见表 3-2。

表 3-2　资产负债表主要内容

排列方式	项目		说明
按照变现能力	资产	流动资产	依次排列为货币资金、交易性金融资产、应收票据、应收账款、预付款项、应收利息、应收股利、其他应收款、存货和一年内到期的非流动资产
		非流动资产	长期股权投资、固定资产、在建工程、工程物资、固定资产清理、无形资产、开发支出、长期待摊费用以及其他非流动资产等
按照负债后的股东权益顺序	负债	流动负债	按照其偿还期限的长短依次排列为：短期借款、应付票据、应付账款、预收款项、应付职工薪酬、应交税费、应付利息、应付股利、其他应付款、一年内到期的非流动负债等
		非流动负债	长期借款、应付债券、长期应付款、专项应付款和其他非流动负债等
	所有者权益		按照其可辨认程度依次排列为：实收资本、资本公积、盈余公积、未分配利润等

（4）对资产负债表的分析

通过分析资产负债表来了解企业的经营状况，可以从几个方面入手，即流动比率、速动比率、资产负债率和现金流动负债率，具体的分析方式见表 3-3。

表 3-3　资产负债表分析指标

指标名称	具体含义	衡量目标	计算公式	指标分析
流动比率	企业流动资产与流动负债的比率	企业的短期偿债能力	流动比率＝流动资产÷流动负债×100%	理想值＝2；企业流动比率大于2，通常认为这个企业的短期偿债能力较强，反之则弱
速动比率	速动资产与流动负债的关系	进一步对企业短期偿债能力进行检验	速动比率＝速动资产÷流动资产×100%；速动资产＝流动资产－存货价值	理想值＝1；企业的速动比率大于1，通常认为它的短期偿债能力比较强，反之则弱

续上表

指标名称	具体含义	衡量目标	计算公式	指标分析
资产负债率	企业年末负债总额与资产总额的比率	评价企业负债水平的综合指标，同时也是衡量企业利用债权人资金进行经营活动能力的指标，也反映了债权人发放贷款的安全程度	资产负债率＝负债总额÷资产总额×100%	资产负债率为 100%或大于 100%，则说明企业已经没有净资产或资不抵债
现金流动负债率	企业在一定时期内的经营现金净流量同流动负债的比率	显示企业立即偿还到期债务的能力	现金流动负债率＝年经营现金净流量÷年末流动负债×100%	现金流动负债率越大，说明企业经营活动产生的现金净流量越多，越能保障企业按期偿还到期债务。然而，指标也不是越大越好，指标大说明企业流动资金利用不充分，获利能力不强

（三）如何看懂利润表

利润表又称损益表，是一张动态表，反映了企业在一定时期内利润实现（或发生亏损）的情况。也就是说，从这张表中可以看出企业在一定的时期内的利得或损失。企业经营者可以根据这张表分析利润增减变化的原因，估算公司的经营成本，做出投资价值评价等。

（1）利润表的格式

目前，利润表的基本格式主要有两种，即单步式和多步式。我国《企业会计准则》规定，企业的利润表要采取多步式。二者的具体区别如图 3-7 所示。

单步式利润表	多步式利润表
● 通过一个步骤就可以将利润计算出来，即将各项收入的合计数与各项成本、费用的合计数相减，一次得出利润。 ● 一步到位，直观，易于编制。 ● 适合中小企业，业务比较简单的咨询服务行业	● 根据企业利润总额的构成要素和主次，经过多步计算得出利润总额，然后减去税费，最后得出净利润。 ● 揭示了净利润各构成要素之间的内在联系，提供更为丰富的财务信息

图 3-7 利润表两种格式对比

（2）利润表（多步式）的内容

企业的利润能够告诉投资者企业在特定的时间内所产生的销售收入，为实现这些销售收入所投入的成本和费用，以及在减去所有费用和税费之后，最终的净利润情况。利润表（多步式）所包含的各类项目及具体内容见表 3-4。

表 3-4 利润表（多步式）的项目

项　目	说　明
主营业收入	企业经营主要业务所产生的收入总额，如旅游服务行业的门票收入、客房收入、餐饮收入，销售行业的销售产品的收入等
主营业务成本	企业经营主营业务所产生的实际成本，如工业企业生产产品所产生的生产成本
主营业务税金及附加	企业经营主营业务所应负担的税金及附加，包括营业税、消费税、城市维护建设费、土地增值税和教育附加税等，但是销售商品业务所产生的增值税和所得税不包括在内
其他业务利润	其他业务收入减去其他业务支出所得的净值。其中，其他业务收入指企业兼营性业务所产生的收入，如工业企业转让多余材料所获得收入；其他业务成本指企业非主营业务所产生的支出，如其他业务产生的成本、税金等
营业费用	企业在销售商品或提供劳务过程中所产生的相关费用，如包装费、保险费、运输费、广告费，以及雇佣销售人员的工资、福利费用等
管理费用	为组织和管理企业经营活动所产生的费用，如企业行政管理部门员工的工资、公司的公会经费等

续上表

项　目	说　明
财务费用	企业为筹集资金所产生的费用,如应当作为期间费用的利息支出、汇兑损失以及相关的手续费等
投资收益	企业对外投资活动所产生的收益或损失
补贴收入	企业按照相关规定所获得的各种政策性补贴，如退还的增值税、按照规定所获得的定额补贴
营业外收入	企业所产生的与经营无直接关系的各种收入，如固定资产盘盈、处置固定资产和无形资产净收益、非货币性交易收益等
营业外支出	企业所产生的与经营无直接关系的各种支出，如固定资产盘亏、处置固定资产和无形资产净损失、债务重组损失等
所得税费用	企业应计入当期损益的所得税

（3）利润表（多步式）净利润的计算步骤

多步式利润表净利润的计算一般通过四步完成，分别计算出主营业务利润、营业利润、利润总额，最后再由利润总额与所得税相减得出净利润，具体的计算过程如图 3-8 所示。

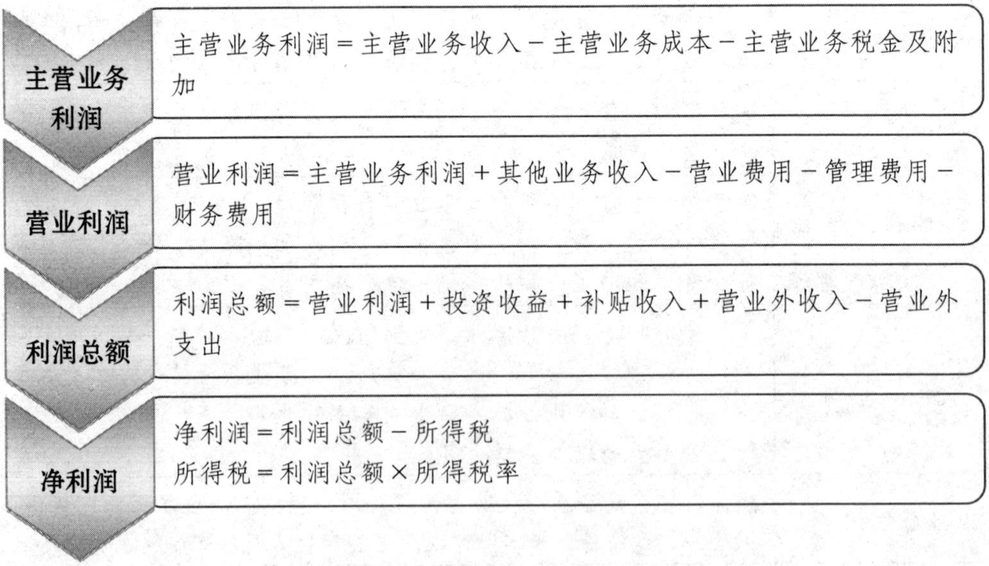

图 3-8　利润表净利润计算步骤

（4）如何对利润表进行分析

对以上内容有所了解后，就可以通过相关财务比率来透视企业的经营成果，主要可以借助五个指标来帮助你了解企业的经营情况，详见表 3-5。

表 3-5　利润表分析指标

指标项目	计算公式	说　明
毛利率	毛利率＝毛利额÷主营业务收入×100%；毛利额＝主营业务收入－主营业务成本	毛利率高或者适中，说明企业的产品具有较强的竞争力，获利高，反之则竞争力弱，获利低
销售净利率	销售净利率＝净利润÷主营业务收入×100%	反映企业的盈利水平的高低，也可以说明此行业盈利水平的高低
资产净利率	资产净利率＝净利润÷资产总额×100%	资产净利率高，表明企业经济效益好，管理水平高，反之则效益差
净值报酬率	净值报酬率＝净利润÷平均股东权益×100%	净值报酬率大，投资者的投资回报率就高，反之则低
市盈率	市盈率＝股票价格÷每股盈余	反映企业未来的获利能力，市盈率在正常范围内，投资者对企业将来获利能力信心充足

（四）如何看懂现金流量表

现金流量表反映了在一定时期（通常是每月或每季度）内，企业现金的增减变动情况，它借助企业经营活动、投资活动、筹资活动的现金流动情况，反映了企业获取现金、偿还债务、支付股利和利息的能力。通过对现金流量表中所列示的各个项目的分析，可以评估出企业各个环节的经营成果。

（1）现金流量表的基本结构

现金流量表主要由正表和补充材料两部分组成，正表和补充资料分别包含不同的项目，如图 3-9 所示。

现金流量表
正表
补充资料
经营活动产生的现金流量
投资活动产生的现金流量
筹资活动产生的现金流量
汇率变动对现金的影响
现金及现金等价物净增加额
将净利润调节为经营活动现金流量
不涉及现金收支的投资和筹资活动
现金及现金等价物净增加情况

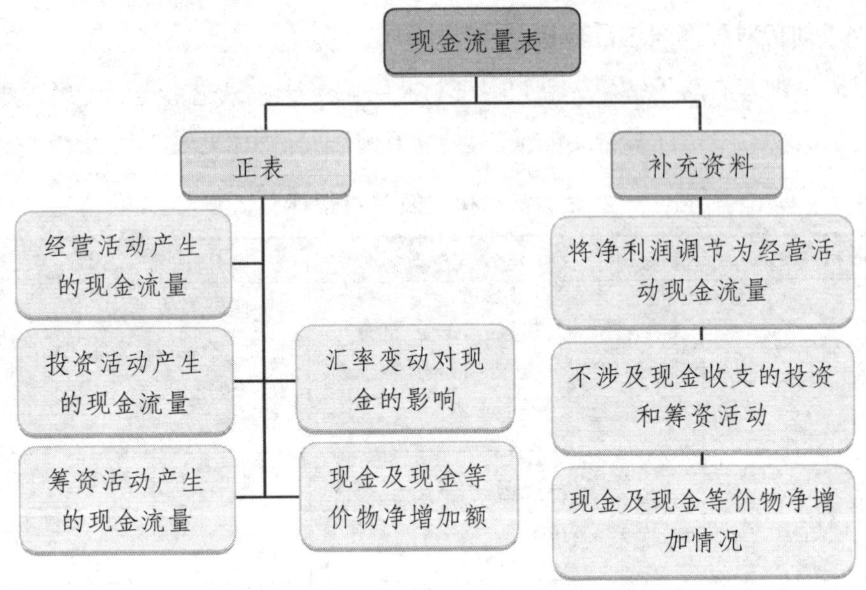

图 3-9　现金流量表组成成分图

（2）现金流量表的编制方法

现金流量表的编制方法有两种，即直接法和间接法，其中正表采用直接法编制，补充材料采用间接法编制。

两种方法的编制特点如图 3-10 所示。

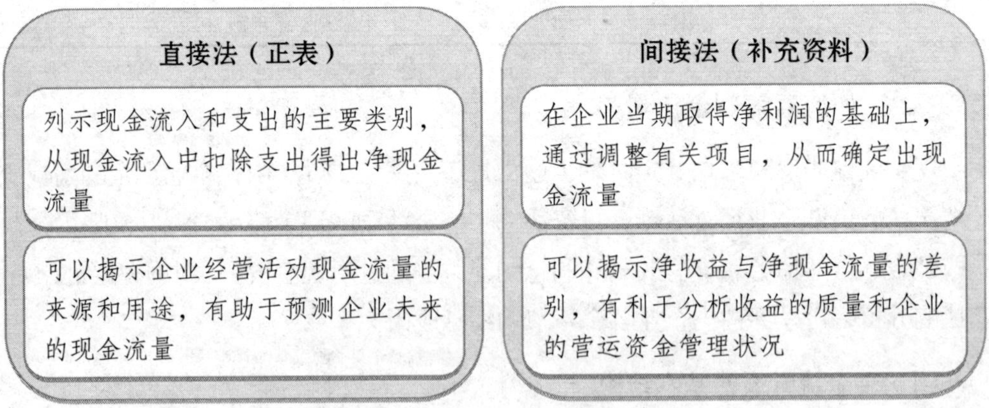

直接法（正表）
列示现金流入和支出的主要类别，从现金流入中扣除支出得出净现金流量
可以揭示企业经营活动现金流量的来源和用途，有助于预测企业未来的现金流量
间接法（补充资料）
在企业当期取得净利润的基础上，通过调整有关项目，从而确定出现金流量
可以揭示净收益与净现金流量的差别，有利于分析收益的质量和企业的营运资金管理状况

图 3-10　现金流量表的编制方法

（3）现金流量表正表的构成项目

现金流量表正表中的各个项目可以归为三个活动分类：经营活动、投资活动

和筹资活动，在各个活动分类之下再按照现金流入和流出分别列示各个项目。

① 经营活动产生的现金流量

经营活动产生的现金流量，是指企业投资活动、筹资活动之外的所有交易和事项产生的现金流量，它是企业现金的主要来源。经营活动产生的现金流量所列示的项目见表 3-6。

表 3-6 经营活动产生的现金流量列示项目

项 目		说 明
现金流入	销售商品、提供劳务收到的现金	企业主营业务与其他业务产生的现金收入
	收到的税费返还	企业按照政策收到的各种税费返还，如所得税、消费税、营业税、增值税等
	收到其他与经营活动有关的现金	如捐赠收入、补贴收入、与经营活动有关的罚款等
现金流出	购买商品、接受劳务支付的现金	企业主营业务与其他业务产生的现金流出，通常包括购买材料、商品、接受劳务支付的现金，支付应付款与预付款产生的现金
	支付给职工以及为职工支付的现金	企业以现金方式向职工支付的工资、奖金、各种补贴、保险费用等
	支付的各项税费	企业按照国家规定缴纳的各种税款，如增值税、所得税等
	支付的其他与经营活动有关的现金	生产、营业、制造、管理等产生的费用，如生产成本、保险费、办公费等

② 投资活动产生的现金流量

投资活动产生的现金流量，是指企业长期投资（通常指一年以上）的构建及其处置产生的现金流量和金融资产的投资，其具体的列示项目见表 3-7。

表 3-7 投资活动产生的现金流量列示项目

项 目		说 明
现金流入	收回投资所收到的现金	企业出售、转让和到期收回的除现金等价物以外的投资所收到的现金
	取得投资收益所收到的现金	企业对外投资而分得的股利、利息、利润所收到的现金

续上表

项目		说明
	处置固定资产、无形资产和其他长期资产所收回的现金净额	处置各项长期投资所取得的现金，减去为处置这些资产所支付的相关费用后的净额
	收到的其他与投资活动有关的现金	企业除上述各项目之外，收到的其他与投资活动有关的现金流入
现金流出	构建固定资产、无形资产和其他长期资产所支付的现金	企业建造固定资产所支付的现金，如购买固定资产支付的价款及增值税，建造工程支付的现金以及工人的工资等现金
	投资所支付的现金	企业除现金等价物以外进行其他投资活动所支付的现金，包括佣金、手续费等
	支付的其他与投资活动有关的现金	除上述各项以外，企业支付的与投资活动有关的现金流出

③ 筹资活动产生的现金流量

筹资活动产生的现金流量，是指企业资本及债务的规模和构成发生变化的活动所产生的现金流量，包括筹资活动的现金流入和归还筹资活动的现金流出，并按其性质分项列示，详见表 3-8。

表 3-8　筹资活动产生的现金流量列示项目

项目		说明
现金流入	吸收投资所收到的现金	企业通过发行股票、债券等方式筹得资金实际净额（发行收入减去发行费用）
	取得借款所收到的现金	企业通过各种短期借款、长期借款而收到的现金
	收到的其他与筹资活动有关的现金	除上述各项之外，企业所收到的其他与筹资活动有关的现金
现金流出	偿还债务所支付的现金	包括偿还金融机构的借款本金、偿还到期的债券本金等
	分配股利、利润和偿付利息所支付的现金	企业实际支付的现金股利、支付给投资人的利润以及支付的借款利息、债券利息等
	支付的其他与筹资活动有关的现金	除上述各项外，企业支付的与筹资活动有关的现金，如发行股票所支付的咨询、审计等费用

④ 汇率变动对现金的影响

汇率变动对现金的影响主要反映的是企业的外币现金流量发生日所采用的汇率与期末汇率的差额对现金的影响数额。

⑤ 现金及现金等价物净增加额

此项目是将正表中“经营活动产生的现金流量净额”、“投资活动产生的现金流量净额”、“筹资活动产生的现金流量净额”和“汇率变动对现金的影响”四项相加得出的。

（4）现金流量表补充资料的构成项目

现金流量表的补充资料采用间接法，主要披露了企业将净利润调节为经营活动的现金流量、不涉及现金收支的投资和筹资活动、现金及现金等价物净增加情况等信息。它主要是对正表采用直接法反映经营活动现金流量进行核对和补充说明。

① 将净利润调节为经营活动现金流量

将净利润调节为经营活动现金流量，是以净利润为基础进行调节的，在净利润基础上进行调整的项目主要包括计提的资产减值准备、固定资产折旧、无形资产摊销、长期待摊费用摊销、待摊费用减少、预提费用增加、处置固定资产和无形资产以及其他长期投资、固定资产报废损失、财务费用、投资损失、递延税款贷项、存货的减少、经营性应收项目的减少、经营性应收项目的增加以及其他等。

将净利润调整成为经营活动现金净额需要对四大类项目进行调整计算，如图 3-11 所示。

② 不涉及现金收支的投资和筹资活动

此项反映了企业在一定时期内会对资产或负债造成影响，但不形成该现金收支的所有投资和筹资活动的信息，包括债务转为资本、一年内到期的可转换公司债券、融资租入固定资产。

③ 现金及现金等价物净增加情况

反映企业现金期末、期初的差额，对直接法编制的现金流量净额的准确性进行检验。其中，现金等价物是指企业持有的期限短、流动性强、易于转换为已知金额现金、价值变动风险很小的投资。

（5）现金流量表内的平衡关系

现金流量表的正表和补充资料之间存在平衡关系，如图 3-12 所示。

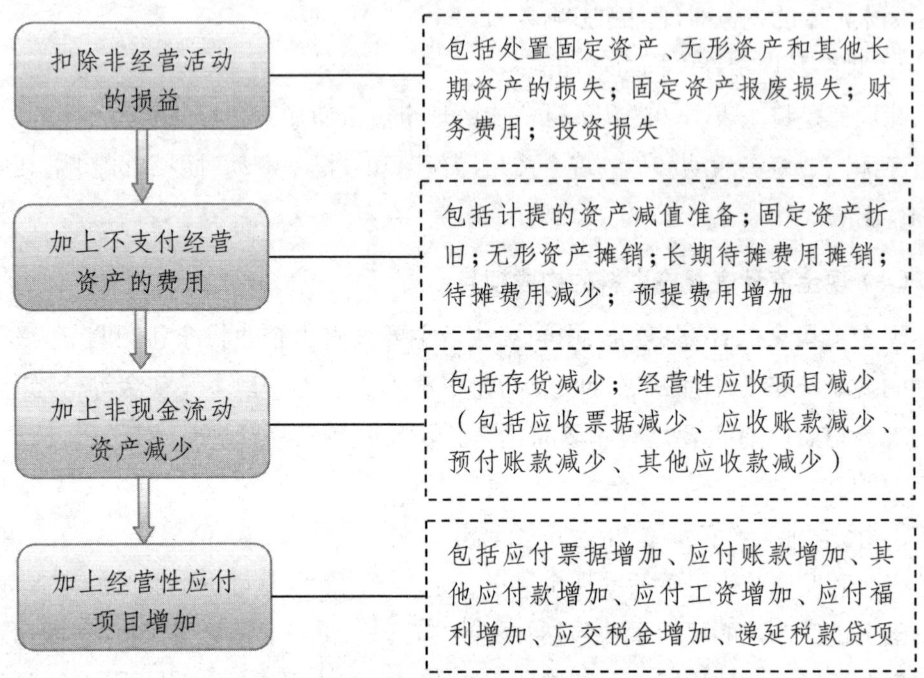

图 3-11　将净利润调节为经营活动现金流量的方法

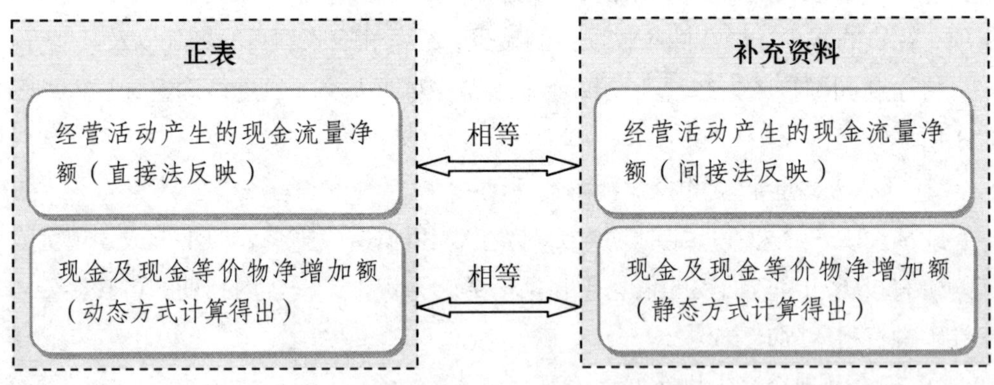

图 3-12　正表与补充资料的平衡关系

（6）如何对现金流量表进行分析

对现金流量表的分析主要是对现金流量比率进行分析，通过将现金流量与其他相关的指标相比较，进而分析企业的盈利能力、偿债能力、支付能力。

① 盈利能力分析

盈利能力分析，就是企业根据经营活动现金净流量与净利润、资本支出等之间的关系，揭示企业保持现有经营水平、创造未来盈利能力的分析方法，其所包含的比率指标如图 3-13 所示。

指标	公式	说明
再投资比率	再投资比率＝经营现金净流量÷资本性支出	数值越大，企业扩大生产规模、创造未来现金流量或利润的能力越强；若数值小于1，企业资本性支出包含融资，以弥补支出的不足
盈利现金比率	盈利现金比率＝经营现金净流量÷净利润	数值越大，企业盈利质量越强；数值小于1,则说明企业存在未实现的现金收入

图 3-13 现金流量表盈利能力分析指标

② 偿债能力分析

在经营过程中，企业会通过举债来弥补自有资金的不足，但最终用于偿债的最直接资产是现金。因此，按照图 3-14 所列的指标，将现金流量与债务进行比较可以更好地反映企业的偿债能力。

指标	公式	说明
现金流动负债比	现金流动负债比＝现金净流量÷流动负债总额	数值偏高，企业能轻松依靠现金偿债；偏低，企业用现金偿债压力较大
现金债务总额比	现金债务总额比＝现金净流量÷债务总额	反映企业当年现金净流量负荷总债务的能力，通常与平均偿还期相结合，平均偿还期越短，比率越高越好；反之，则越低越好
现金到期债务比	现金到期债务比＝现金净流量÷本期到期债务	根据数值的大小直接判断公司的到期偿债能力

图 3-14 现金流量表偿债能力指标分析

③ 支付能力分析

对企业支付能力的分析，主要是将企业当期取得的现金收入，特别是其中的经营活动现金收入，同其各种开支费用进行分析和比较。

将企业本期经营活动现金收入同本期偿还的债务、发生的支出进行对比后，其余额即为可用于投资及分配的现金。在不考虑筹资活动的情况下，它们之间的关系为：

可用于投资、分配股利（利润）的现金＝本期经营活动的现金收入＋投资活动取得的现金收入－偿还债务的现金支出－经营活动的各项开支

可以按照如图 3-15 所示的方法，对最终的结果即可用于投资、分配股利（利润）的现金数额进行分析。

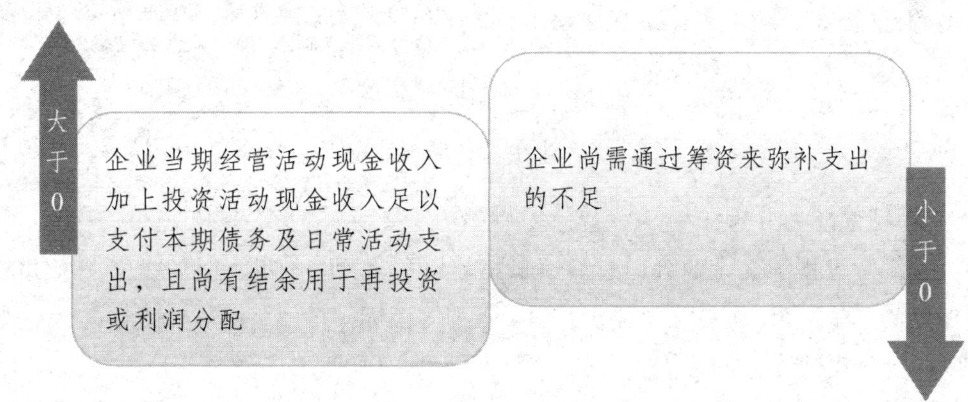

图 3-15　现金流量表支付能力指标分析

三、成本账的计算

在生意场上，要想盈利就要首先付出成本，这是无可厚非的道理。可是，怎样用最少的成本来获得尽可能多的盈利？这是很多经营者都在思考的问题，下面就来看看成本账究竟怎么计算。

（一）什么是成本

成本的含义，可以从成本核算的规范、统一与其本意、内容来进行解释，即根据国家统一的财务会计制度和正常的成本核算程序计算出来的企业成本，也可以理解为产品在生产环节所需要花费的一切费用。

（二）熟悉企业经营中的几种成本概念

进行成本核算，首先要熟悉企业经营过程中几种常见的成本概念，详见表3-9。

表3-9　企业经营过程中的成本概念

分类标准	名　称	含　义
按照应用情况	财务成本	指财务会计中，按照企业一般成本管理要求，根据国家统一的财务会计制度和成本核算规定，通过正常的成本核算程序计算出来的企业成本，它可以是产品成本、劳务成本等
	管理成本	以特定成本管理为目的而进行的成本控制，如责任成本、固定成本、机会成本、变动成本、质量成本、沉没成本、差别成本、可避免成本、不可避免成本等
按照生产依据	实际成本	企业购买或制造某项物资时所实际支付的成本费用，它发生在购买之后，是实际已经发生的费用
	估计成本	在原材料购买前预计可能花费的成本费用，是尚未发生的，根据实际情况估计的费用
按照发生情况	原始成本	又称历史成本，即企业在最初购买某项物资时所发生的实际费用
	重置成本	指企业重新购置同样的资产或物资时需要发生的成本
按照计量单位	单位成本	指企业生产单位产品而平均消耗的成本
	总成本	企业生产某种产品或提供某种劳务所消耗的总支出
按照生产经营范围	生产成本	指企业生产产品或提供劳务而产生的各种费用，包括直接支出和制造费用
	销售成本	指已经销售出去的产品的生产成本，或者已经提供劳务的劳务成本以及其他销售业务的成本
按照与决策的关系	相关成本	指对企业经营管理和决策有影响的成本，如机会成本、重置成本、付现成本、边际成本、差量成本、可避免成本、专属成本等
	非相关成本	指对公司或企业的经营管理和决策没有直接影响的成本，如固定成本、沉没成本、实际成本、不可避免成本、联合成本等

续上表

分类标准	名　称	含　义
按照与现金支出的关系	付现成本	又叫现金支付成本，指由于企业大发展需要或者业务要求，需要用现金支付的成本
	非付现成本	指企业的经营过程中不以现金方式支付的成本，如固定资产折旧、无形资产的摊销额、开办费的摊销额等
按照成本与业务量之间的关系	固定成本	指在一定时期内保持数额不变的成本，它不随产品数量或企业业务量的变化而发生变化，如厂房机器的折旧费、工人的工资、办公房屋的租金、管理人员的工资等
	变动成本	即非固定成本，如销售成本、采购成本
按照成本与产品生产工艺的关系	直接成本	指在财务的成本统计中能够直接进行记录和核算的成本，包括材料的消耗、外购半成品费用、备品配件以及生产工人的计件工资等
	间接成本	指不适合或不方便在生产费用发生时就直接计入成本核算的成本形式，如管理人员的工资、厂房或办公房屋的租金、机器设备的折旧以及水电费、维修费等

（三）产品成本计算方法之分批法

分批法，是指将产品的批别作为成本计算的对象，进行归集和分配生产成本，计算产品成本的一种方法。这种方法主要适用于单件、小批量生产类型的企业。大批量生产类型的企业，在其主要产品生产之外，如新产品试制、来料加工、自制设备等方面也可以采用分批法计算产品成本。

一般类型的分批法，其计算的程序需要按照产品批别，分别经过编制生产成分明细表、各种费用分配表、分配辅助生产费用、分配基本生产单位制造费用、计算完工产品成本、结转完工产品成本等步骤。

在实际的生产过程中，如果企业投产的批次较多，且月末未完成产品批别也较多，在这种情况下，若不管产品是否完工，就将当月发生的间接费用全部分配给各批产品，那么费用分配的核算工作就会非常繁重。因此，在这样的企业中还可以采用一种简化的分批法进行产品成本计算。

简化的分批法，就是不分批计算月末在产品成本，只计算完工产品批次的成本，完工产品的间接计入费用采用间接费用分配率分配计算。其基本程序是按照产品批次设置产品生产成本明细账和基本生产成本二级账；归集和分配生产费用以及生产工时；计算完工产品成本，具体过程如图 3-16 所示。

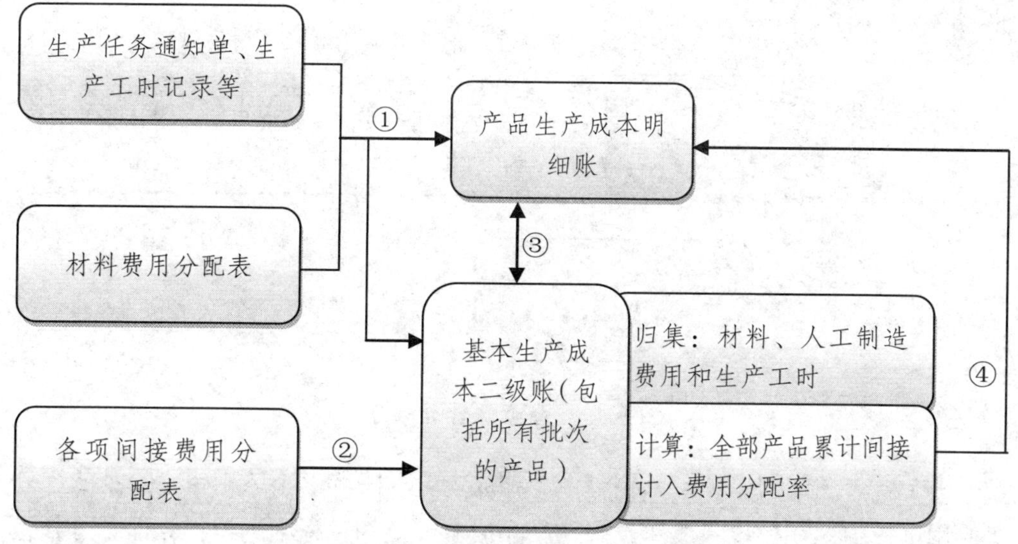

图 3-16 简化的分批法成本计算程序

在上面的计算程序图中，根据基本生产二级账计算全部产品累计间接计入费用分配率，其计算公式为：

$$\text{全部产品累计间接计入费用分配率}=\frac{\text{全部产品累计间接计入费用}}{\text{全部产品累计工时}}$$

$$\text{某批次完工产品应负担的间接计入费用}=\text{该批完工产品的累计工时}\times\text{全部产品累计间接计入费用分配率}$$

（四）产品成本计算方法之分步法

分步法，是指将生产过程中的各个加工步骤作为核算对象，归集和分配生产成本，计算各个步骤半成品和最后产成品成本的一种方法。此种方法适用于连续式复杂生产企业中，以及大批量的多步骤生产，并且管理上要求分步骤计算成品成本的企业。

分步法成本计算的一般程序如图 3-17 所示。

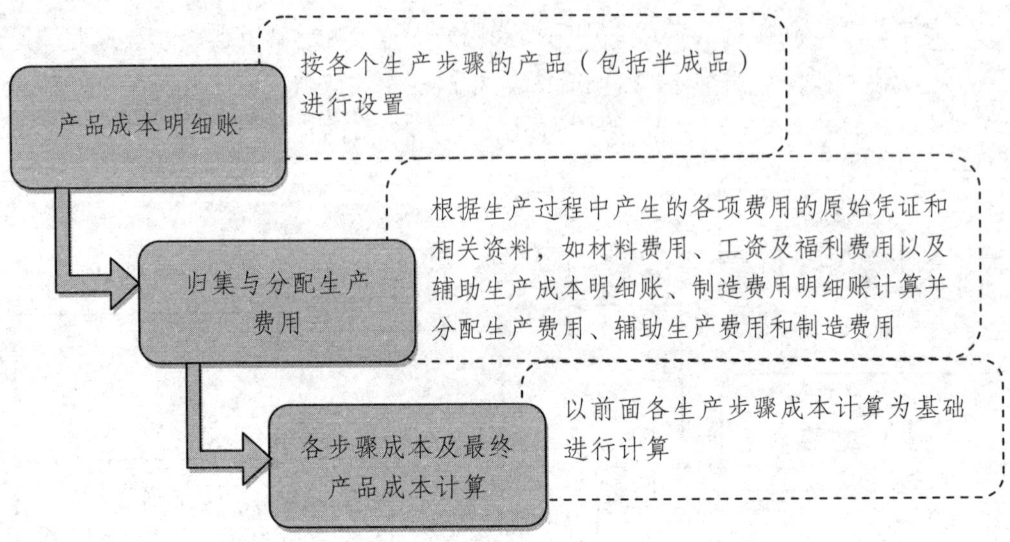

图 3-17　分步法计算程序

由于各个企业的生产特点和对于步骤成本管理的要求不尽相同，分步法在具体应用过程中，在各步骤成本及最初产品成本计算的过程中，其计算程序可分为逐步结转分步法和平行结转分步法。

（1）逐步结转分步法

逐步结转分步法，主要是为了计算半成品的成本。它是按照产品的生产顺序，根据生产步骤所发生的成本、费用和产量记录，逐步计算并结转半成品成本，直至最后加工步骤完成计算出成品成本的一种方法。在大量大批多步骤连续式生产企业中，适宜采用这种方法计算产品成本。

逐步结转分步法需要按照产品生产步骤的顺序分步计算半成品的成本，再按照顺序结转至下一步骤，因此其成本计算的过程也就是半成品成本累计的过程。其具体计算过程如图 3-18 所示。

（2）平行结转分步法

平行结转分步法，是指在计算各步骤成本的时候，不计算各步骤半成品成本，也不计算各步骤中所耗费的上一步骤半成品的成本，而只计算本步骤所产生的各项其他费用，以及这些费用中应该计入产成品的份额，将同种产品在各步骤成本明细账中的份额平行结转、汇总，最终计算出该种产品的产成品成本。

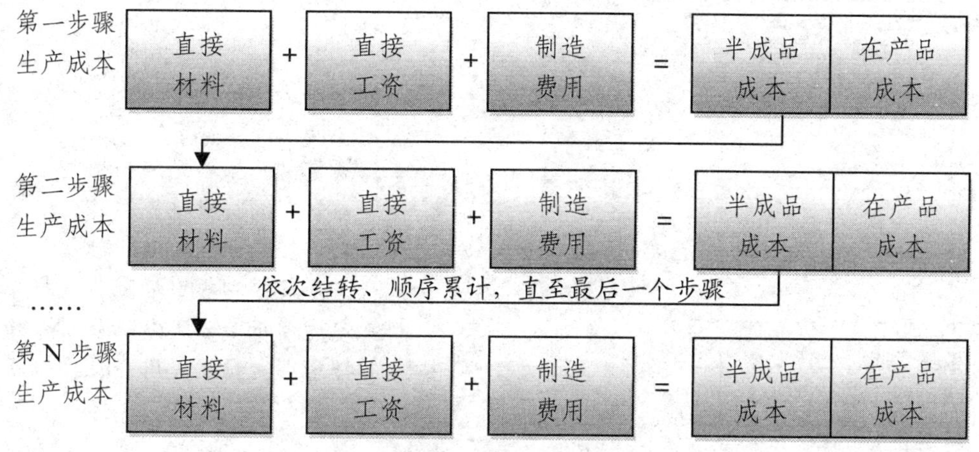

图 3-18 逐步结转分步法程序

如果在企业中，各个生产步骤所产半成品的种类很多，但半成品很少外售，在管理上不要求计算半成品的成本，则可采用此种方法进行成本计算。

平行结转分步法的结算程序如图 3-19 所示。

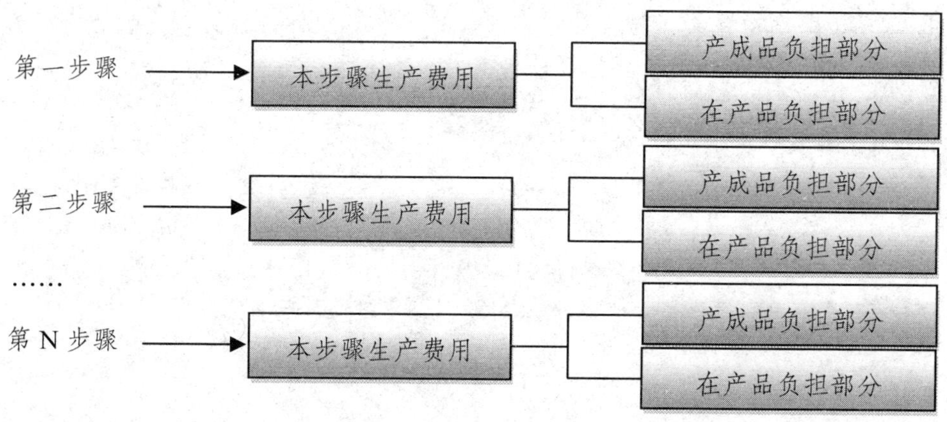

图 3-19 平行结转分步法程序

（五）产品成本计算方法之品种法

品种法，就是将产品作为成本计算对象，用以归集费用并计算成本的方法。这种方法比较适合大批量生产，而且产品品种较少的单步骤生产企业。

品种法的计算程序分为 6 步，如图 3-20 所示。

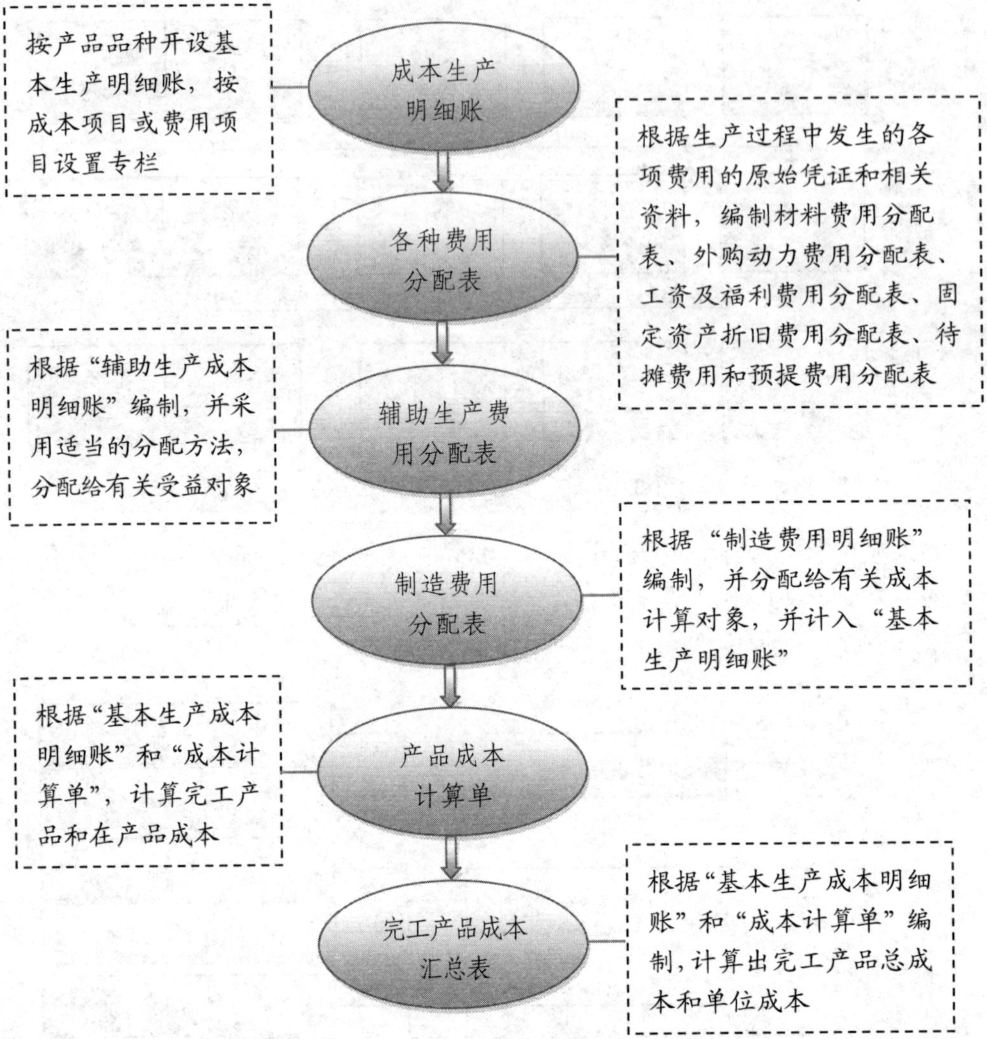

按产品品种开设基本生产明细账，按成本项目或费用项目设置专栏 —— 成本生产明细账

↓

各种费用分配表 —— 根据生产过程中发生的各项费用的原始凭证和相关资料，编制材料费用分配表、外购动力费用分配表、工资及福利费用分配表、固定资产折旧费用分配表、待摊费用和预提费用分配表

↓

根据“辅助生产成本明细账”编制，并采用适当的分配方法，分配给有关受益对象 —— 辅助生产费用分配表

↓

制造费用分配表 —— 根据“制造费用明细账”编制，并分配给有关成本计算对象，并计入“基本生产明细账”

↓

根据“基本生产成本明细账”和“成本计算单”，计算完工产品和在产品成本 —— 产品成本计算单

↓

完工产品成本汇总表 —— 根据“基本生产成本明细账”和“成本计算单”编制，计算出完工产品总成本和单位成本

图 3-20　品种法计算程序

第四章

不可不知的商业法律常识

法治时代，法律风险是企业经营中面临的最大风险。经营企业时因不懂法律规则，疏于法律审查，逃避法律监管所带来的经济纠纷和涉诉，会给企业带来重大的经济损失。因此，了解相关的商业法律常识，能够帮助企业规避法律风险，避免无谓损失。

一、反不正当竞争法

为了鼓励和保障商业活动中的公平竞争，制止不正当竞争的行为，保护经营者和消费者的合法权益，我国制定了《中华人民共和国反不正当竞争法》(以下简称《反不正当竞争法》)。

（一）市场交易中不正当行为的表现

《反不正当竞争法》中规定，经营者不得实施下列混淆行为，引人误认为是他人商品或者与他人存在特定联系，具体的规定如图 4-1 所示。

1	擅自使用与他人有一定影响的商品名称、包装、装潢等相同或者近似的标识
2	擅自使用他人有一定影响的企业名称(包括简称、字号等)、社会组织名称(包括简称等)、姓名(包括笔名、艺名、译名等)
3	擅自使用他人有一定影响的域名主体部分、网站名称、网页等
4	其他足以引人误认为是他人商品或者与他人存在特定联系的混淆行为

图 4-1　市场交易中的不正当行为

（二）属于不正当有奖销售的行为

《反不正当竞争法》规定，经营者进行有奖销售不得存在如图 4-2 所示的情形。

1	所设奖的种类、兑奖条件、奖金金额或者奖品等有奖销售信息不明确，影响兑奖
2	采用谎称有奖或者故意让内定人员中奖的欺骗方式进行有奖销售
3	抽奖式的有奖销售，最高奖的金额超过五万元

图 4-2　不正当的有奖销售行为

（三）属于侵犯商业秘密的行为

所谓商业秘密，是指不为公众所知悉、能为权利人带来经济利益、具有使用性并经权利人采取保密措施的技术信息和经营信息。《反不正当竞争法》规定，不得以不正当的手段侵犯其他经营者的商业秘密，其不正当的行为表现如图 4-3 所示。

1	以盗窃、贿赂、欺诈、胁迫或者其他不正当手段获取权利人的商业秘密
2	披露、使用或者允许他人使用以前项手段获取的权利人的商业秘密
3	违反约定或者违反权利人有关保守商业秘密的要求，披露、使用或者允许他人使用其所掌握的商业秘密
4	第三人明知或者应知商业秘密权利人的员工、前员工或者其他单位、个人实施前款所列违法行为，仍获取、披露、使用或者允许他人使用该商业秘密的，视为侵犯商业秘密

图 4-3　侵犯商业秘密的不正当行为

（四）属于互联网生产经营不正当竞争的行为

经营者不得利用技术手段，通过影响用户选择或者其他方式，实施下列妨碍、破坏其他经营者合法提供的网络产品或者服务正常运行的行为，如图 4-4 所示。

1	未经其他经营者同意，在其合法提供的网络产品或者服务中插入链接，强制进行目标跳转
2	误导、欺骗、强迫用户修改、关闭、卸载其他经营者合法提供的网络产品或者服务
3	恶意对其他经营者合法提供的网络产品或者服务实施不兼容
4	其他妨碍、破坏其他经营者合法提供的网络产品或者服务正常运行的行为

图 4-4　互联网生产经营不正当行为

（六）冒用商标的行为应该承担的责任

在经营活动中，经营者要按法律规定使用商标及产品名称、包装等，对于违反规定的行为，要承担相应的责任，如图 4-5 所示。

冒用商标	由监督检查部门责令停止违法行为，没收违法商品。违法经营额五万元以上的，可以并处违法经营额五倍以下的罚款；没有违法经营额或者违法经营额不足五万元的，可以并处二十五万元以下的罚款。情节严重的，吊销营业执照。 经营者登记的企业名称存在混淆行为的，应当及时办理名称变更登记；名称变更前，由原企业登记机关以统一社会信用代码代替其名称
对商品做虚假表示	经营者假冒他人的注册商标，擅自使用他人的企业名称或者姓名，伪造或者冒用认证标志、名优标志等质量标志，伪造产地，对商品质量作引人误解的虚假表示的，依照《中华人民共和国商标法》、《中华人民共和国产品质量法》的规定处罚

图 4-5　冒用商标行为的处罚

（七）盗用商业秘密需承担什么责任

对于侵犯商业秘密的行为，《反不正当竞争法》作出了如下处罚规定：

◆ 侵犯商业秘密的，由监督检查部门责令停止违法行为，处十万元以上五十万元以下的罚款；情节严重的，处五十万元以上三百万元以下的罚款。

二、商标法

注册商标，就是指经商标局核准注册的商标，包括商品商标、服务商标和集体商标、证明商标。商标的注册人享有商标专用权，并受到法律的保护。在企业的生产经营过程中，其商品或服务需要取得商标专用权的，须申请商标注册。下面主要讲解《中华人民共和国商标法》（以下简称《商标法》）中关于商标注册的一些常识。

（一）哪些标志不能用于商标使用

申请注册的商标应该有显著的特征，以便于识别。任何能够将自己的商品与他人的商品区别开来的标志，如文字、图形、字母、数字、三维标志、颜色组合和声音等，以及这些要素的组合，都可以用作商标进行申请注册。但是，有一些标志是不能作为商标使用的，《商标法》对此作出了明确的规定，如图 4-6 所示。

1	同中华人民共和国的国家名称、国旗、国徽、国歌、军旗、军徽、军歌、勋章等相同或者近似的，以及同中央国家机关的名称、标志、所在地特定地点的名称或者标志性建筑物的名称、图形相同的
2	同外国的国家名称、国旗、国徽、军旗等相同或者近似的，但经该国政府同意的除外
3	同政府间国际组织的名称、旗帜、徽记等相同或者近似的，但经该组织同意或者不易误导公众的除外
4	与表明实施控制、予以保证的官方标志、检验印记相同或者近似的，但经授权的除外
5	同“红十字”、“红新月”的名称、标志相同或者近似的
6	带有民族歧视性的
7	带有欺骗性，容易使公众对商品的质量等特点或者产地产生误认
8	有害于社会主义道德风尚或者有其他不良影响的
9	县级以上行政区划的地名或者公众知晓的外国地名，不得作为商标。但是，地名具有其他含义或者作为集体商标、证明商标组成部分的除外；已经注册的使用地名的商标继续有效

图 4-6　不能作为商标使用的标志

（二）不予注册并禁止使用的商标类型

在商标注册的时候，某些情形下其商标是不予注册并禁止使用的，具体情形如图 4-7 所示。

类型	情形
驰名商标的注册	就相同或者类似商品申请注册的商标是复制、摹仿或者翻译他人未在中国注册的驰名商标，容易导致混淆的，不予注册并禁止使用
	就不相同或者不相类似商品申请注册的商标是复制、摹仿或者翻译他人已经在中国注册的驰名商标，误导公众，致使该驰名商标注册人的利益可能受到损害的，不予注册并禁止使用
商标被提出异议	未经授权，代理人或者代表人以自己的名义将被代理人或者被代表人的商标进行注册，被代理人或者被代表人提出异议的，不予注册并禁止使用
	就同一种商品或者类似商品申请注册的商标与他人在先使用的未注册商标相同或者近似，申请人与该他人具有前款规定以外的合同、业务往来关系或者其他关系而明知该他人商标存在，该他人提出异议的，不予注册
含有地理标志	商标中有商品的地理标志，而该商品并非来源于该标志所标示的地区，误导公众的，不予注册并禁止使用；但是，已经善意取得注册的继续有效

图 4-7　商标不予注册并禁止使用的情况

（三）先注册与先使用，商标的归属权问题

关于商标的先使用与先注册，商标权的归属问题，《商标法》中有明确的规定，如图 4-8 所示。

类型	情形
先注册优先	两个或者两个以上的商标注册申请人，在同一种商品或者类似商品上，以相同或者近似的商标申请注册的，初步审定并公告申请在先的商标
先使用优先	同一天申请的，初步审定并公告使用在先的商标，驳回其他人的申请，不予公告

图 4-8　先注册与先使用商标权的归属情形

（四）属于侵犯注册商标专用权的行为表现

商标注册人享有商标的专用权，并受法律的保护，其他人不得侵犯。《商标法》对侵犯注册商标使用权的行为作出明确规定，如图4-9所示。

1	未经商标注册人的许可，在同一种商品上使用与其注册商标相同的商标的
2	未经商标注册人的许可，在同一种商品上使用与其注册商标近似的商标，或者在类似商品上使用与其注册商标相同或者近似的商标，容易导致混淆的
3	销售侵犯注册商标专用权的商品的
4	伪造、擅自制造他人注册商标标识或者销售伪造、擅自制造的注册商标标识的
5	未经商标注册人同意，更换其注册商标并将该更换商标的商品又投入市场的
6	故意为侵犯他人商标专用权行为提供便利条件，帮助他人实施侵犯商标专用权行为的
7	给他人的注册商标专用权造成其他损害的

图4-9　侵犯注册商标权的行为

（五）允许他人正当使用的注册商标

在经营活动中，不允许将他人的注册商标或未注册的驰名商标用作企业名称中的字号，以免对公众造成误导。但是，注册商标中的某些标志其他人是可以正当使用的，注册商标专用权人无权禁止。《商标法》中的具体规定如图4-10所示。

（六）侵犯注册商标专用权要承担的责任

在经营过程中，对于侵犯注册商标专用权的行为，将会追究其法律责任，《商标法》中的具体规定如图4-11所示。

1	注册商标中含有的本商品的通用名称、图形、型号，或者直接表示商品的质量、主要原料、功能、用途、重量、数量及其他特点，或者含有的地名，注册商标专用权人无权禁止他人正当使用
2	三维标志注册商标中含有的商品自身的性质产生的形状、为获得技术效果而需有的商品形状或者使商品具有实质性价值的形状，注册商标专用权人无权禁止他人正当使用
3	商标注册人申请商标注册前，他人已经在同一种商品或者类似商品上先于商标注册人使用与注册相同或者近似并有一定影响的商标的，注册商标专用权人无权禁止该使用人在原使用范围内继续使用该商标，但可以要求其附加适当区别标识

图 4-10　他人可正当使用的情形

处理方式

●对于侵犯注册商标专用权的行为，引起纠纷的，由当事人协商解决；不愿协商或者协商不成的，商标注册人或者利害关系人可以向人民法院起诉，也可以请求工商行政管理部门处理。

●工商行政管理部门处理时，认定侵权行为成立的，责令立即停止侵权行为，没收、销毁侵权商品和主要用于制造侵权商品、伪造注册商标标识的工具，违法经营额五万元以上的，可以处违法经营额五倍以下的罚款，没有违法经营额或者违法经营额不足五万元的，可以处二十五万元以下的罚款。

●对五年内实施两次以上商标侵权行为或者有其他严重情节的，应当从重处罚。销售不知道是侵犯注册商标专用权的商品，能证明该商品是自己合法取得并说明提供者的，由工商行政管理部门责令停止销售

图 4-11　侵犯注册商标专用权的处罚

三、产品质量法

产品质量的好坏关系到企业的生死存亡，企业要想发展，就要把产品质量放在首位。商业活动中的生产者和销售者对保证产品质量水平负有责任和义务。

（一）生产者生产的产品应该符合什么样的要求

作为生产者，应该对产品的质量负责，《中华人民共和国产品质量法》（以下简称《产品质量法》）规定，生产者生产的产品要符合质量要求，如图 4-12 所示。

序号	要求
1	不存在危及人身、财产安全的不合理的危险，有保障人体健康，人身、财产安全的国家标准、行业标准的，应当符合该标准
2	具备产品应当具备的使用性能，但是对产品存在使用性能的瑕疵作出说明的除外
3	符合在产品或者其包装上注明采用的产品标准，符合以产品说明、实物样品等方式表明的质量状况

图 4-12　生产者产品质量要求

（二）产品或其包装上标识要符合的基本要求

《产品质量法》规定，产品或者其包装上的标识应当符合一定的要求，如图 4-13 所示。

裸装食品	裸装的食品和其他根据产品的特点难以附加标识的裸装产品，可以不附加产品标识
特殊要求产品	剧毒、危险、易碎、储运中不能倒置以及有其他特殊要求的产品，其包装必须符合相应要求，有警示标志或者中文警示说明标明储运注意事项
普通产品	有产品质量检验合格证明
	有中文标明的产品名称、生产厂厂名和厂址
	根据产品的特点和使用要求，需要标明产品规格、等级、所含主要成份的名称和含量的，相应予以标明
	限期使用的产品，标明生产日期和安全使用期或者失效日期
	使用不当，容易造成产品本身损坏或者可能危及人身、财产安全的产品，有警示标志或者中文警示说明

图 4-13　产品或其包装上标识的要求

（三）销售者应承担赔偿责任的情形

销售者对产品的质量承担相应的责任，售出的产品一旦不符合要求，销售者要负责修理、更换、退货，给购买产品的用户、消费者造成损失的，销售者要赔偿损失。《产品质量法》规定，售出的产品存在下列情形的，销售者要对其负责：

◆不具备产品应当具备的使用性能而事先未作说明的。

◆不符合在产品或者其包装上注明采用的产品标准的。

◆不符合以产品说明、实物样品等方式表明的质量状况的。

（四）只要产品有问题，生产者就要承担责任吗

生产者应当保障所生产产品的质量，若因产品存在缺陷造成人身伤害或缺陷产品以外的其他财产损害的，生产者应当对其承担赔偿责任。

但是，并不是说只要产品出现了问题，生产者就要承担责任。《产品质量法》规定，生产者能够证明有下列情形之一，不承担赔偿责任，具体规定如图 4-14 所示。

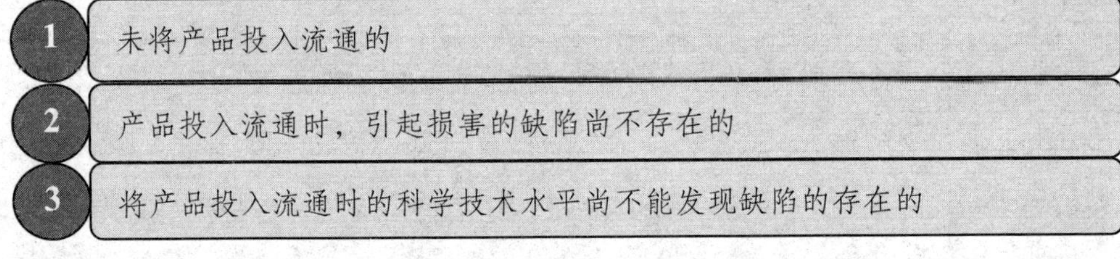

图 4-14　生产者不承担责任的情形

四、企业经济合同与贸易合同

企业经营过程中，与他人订立合同是必不可少的事，这样双方都享有权利，同时也要履行各自的义务。下面将介绍企业经营过程中与合同相关的法律规定。

（一）合同的订立形式

《中华人民共和国合同法》（以下简称《合同法》）规定，合同有书面形式、口

头形式和其他形式。口头形式也是签订合同的方式之一，除法律所规定必须采用书面形式的之外，以口头形式订立的合同，只要符合法律的规定，即为有效合同。

《合同法》中有关合同订立形式的规定如图 4-15 所示。

一般规定	当事人订立合同，有书面形式、口头形式和其他形式
	法律、行政法规规定采用书面形式的，应当采用书面形式；当事人约定采用书面形式的，应当采用书面形式
租赁	租赁期限六个月以上的，应当采用书面形式。当事人未采用书面形式的，视为不定期租赁
融资租赁	融资租赁合同应当采用书面形式
建设工程	建设工程合同应当采用书面形式
	建设工程实行监理的，发包人应当与监理人采用书面形式订立委托监理合同。发包人与监理人的权利和义务以及法律责任，应当依照本法委托合同以及其他有关法律、行政法规的规定
技术开发	技术开发合同应当采用书面形式
技术转让	技术转让合同应当采用书面形式

图 4-15　合同订立形式

（二）合同中的格式条款要求

根据《合同法》的规定，格式条款就是当事人为了重复使用而预先拟定，并在订立合同时未与对方协商的条款。格式条款的设立必须符合法律要求，否则将是无效条款。《合同法》对格式条款的规定如图 4-16 所示。

设立原则	采用格式条款订立合同的，提供格式条款的一方应当遵循公平原则确定当事人之间的权利和义务，并采取合理的方式提请对方注意免除或者限制其责任的条款，按照对方的要求，对该条款予以说明
条款解释	对格式条款的理解发生争议的，应当按照通常理解予以解释。对格式条款有两种以上解释的，应当作出不利于提供格式条款一方的解释。格式条款和非格式条款不一致的，应当采用非格式条款
合同无效	有下列情形之一的，合同无效： （一）一方以欺诈、胁迫的手段订立合同，损害国家利益； （二）恶意串通，损害国家、集体或者第三人利益； （三）以合法形式掩盖非法目的； （四）损害社会公共利益； （五）违反法律、行政法规的强制性规定
条款无效	合同中的下列免责条款无效： （一）造成对方人身伤害的； （二）因故意或者重大过失造成对方财产损失的

图 4-16 《合同法》对格式条款的规定

（三）合同内容约定不明确，应怎样处理

企业与他人进行交易的过程中，订立合同后，由于某些原因双方就价格约定发生分歧，而合同中对交易价格的约定又不明确，此时应该如何处理？《合同法》有如下规定：

◆合同生效后，当事人就质量、价款或者报酬、履行地点等内容没有约定或者约定不明确的，可以协议补充；不能达成补充协议的，按照合同有关条款或者交易习惯确定。

当事人就合同内容约定不明确，依照上述规定仍不能确定的，《合同法》规定可依照如图 4-17 所示的方法处理。

质量不明	质量要求不明确的，按照国家标准、行业标准履行；没有国家标准、行业标准的，按照通常标准或者符合合同目的的特定标准履行
报酬不明	价款或者报酬不明确的，按照订立合同时履行地的市场价格履行；依法应当执行政府定价或者政府指导价的，按照规定履行
地点不明	履行地点不明确，给付货币的，在接受货币一方所在地履行；交付不动产的，在不动产所在地履行；其他标的，在履行义务一方所在地履行
期限不明	履行期限不明确的，债务人可以随时履行，债权人也可以随时要求履行，但应当给对方必要的准备时间
方式不明	履行方式不明确的，按照有利于实现合同目的的方式履行
费用不明	履行费用的负担不明确的，由履行义务一方负担

图 4-17 《合同法》对约定内容不明确的处理规定

（四）合同瑕疵履行应承担的责任

合同的瑕疵履行，是指合同一方的当事人虽然履行了合同，但其履行既不符合法律规定也不符合合同的约定，导致对方当事人不能获得合同利益、减少或丧失获得合同利益的情形。

在企业经营过程中，合同瑕疵履行要承担法律后果，《合同法》中对此作有如图 4-18 所示的规定。

- 质量不符合约定的，应当按照当事人的约定承担违约责任。对违约责任没有约定或者约定不明确，依照本法第六十一条的规定仍不能确定的，受损害方根据标的的性质以及损失的大小，可以合理选择要求对方承担修理、更换、重作、退货、减少价款或者报酬等违约责任
- 当事人一方不履行合同义务或者履行合同义务不符合约定的，在履行义务或者采取补救措施后，对方还有其他损失的，应当赔偿损失

图 4-18 《合同法》关于瑕疵履行的规定

（五）违约金低于损失如何处理

在经营过程中，即使双方签订了合同，也难免出现违约的情况，如果被违约方受到的损失远远高于约定的违约金该如何处理?

根据《合同法》的规定，当约定违约金低于违约所造成的损失时，当事人可以请求人民法院或者仲裁机构予以增加。具体的规定条款如图 4-19 所示。

有关损失赔偿额的限度	当事人一方不履行合同义务或者履行合同义务不合约定,给对方造成损失的,损失赔偿额应当相当于因违约所造成的损失,但不得超过违反合同一方订立合同时预见到或者应当预见到的因违反合同可能造成的损失
	经营者对消费者提供商品或者服务有欺诈行为的，依照《中华人民共和国消费者权益保护法》的规定承担赔偿责任
有关损失赔偿处理方式	当事人可以约定一方违约时应当根据违约情况向对方支付一定数额的违约金，也可以约定因违约产生的损失赔偿额的计算方法
	约定的违约金低于造成的损失的，当事人可以请求人民法院或者仲裁机构予以增加；约定的违约金过分高于造成的损失的，当事人可以请求人民法院或者仲裁机构予以适当减少
	当事人就延迟履行约定违约金的,违约方支付违约金后,还应当履行债务

图 4-19 违约金的处理

（六）定金和订金的区别

定金属于法律范畴的概念，而订金则不属于。定金具有证明合同成立的作用，而订金则不具备这种作用。二者的概念区别如图 4-20 所示。

定金	从法律上来说，定金是指合同当事人为了确保合同的履行，由当事人一方在合同履行之前，按照合同价款的一定比例（不超过 20%），预先给付对方当事人的金钱或其他代替物，以此作为合同履行的担保
订金	在日常生活中，一般被视为预付款，不具备担保作用，常常被称为“认购金”、“诚意金”。卖方违约，买方无权要求其双倍返还，只能得到原金额；如果买方决定不予购买，卖方应全额退还订金；如果买方超过规定期限决定不予购买，订金则作为对卖方的赔偿金

图 4-20 定金和订金的区别

《中华人民共和国合同法》中关于定金有如下规定：

◆ 当事人可以依照《中华人民共和国担保法》约定一方向对方给付定金作为债权的担保。债务人履行债务后，定金应当抵作价款或者收回。给付定金的一方不履行约定的债务的，无权要求返还定金；收受定金的一方不履行约定的债务的，应当双倍返还定金。

（七）标的物分批交付，合同怎样解除

在企业经营过程中，经常会签订分批交付标的物的合同，那么对于这种合同来说，是否其中一批货物不符合合同约定，买受人就可以解除整个合同呢？对此，《合同法》作出了具体规定，如图 4-21 所示。

1 出卖人分批交付标的物的，出卖人对其中一批标的物不交付或者交付不符合约定，致使该批标的物不能实现合同目的的，买受人可以就该批标的物解除

2 出卖人不交付其中一批标的物或者交付不符合约定，致使今后其他各批标的物的交付不能实现合同目的的，买受人可以就该批以及今后其他各批标的物解除

3 买受人如果就其中一批标的物解除，该批标的物与其他各批标的物相互依存的，可以就已经交付和未交付的各批标的物解除

图 4-21　标的物分批交付时解除合同的方式

（八）口头租赁合同对当事人是否具有约束力

在租赁经营场地的时候，有的人可能不会签订书面合同，而只是采取口头约定的形式。关于口头租赁合同法律效用，《合同法》作出了如图 4-22 所示的规定。

租赁期明确	租赁期限六个月以上的，应当采用书面形式。当事人未采用书面形式的，视为不定期租赁
租赁期不明确	当事人对租赁期限没有约定或者约定不明确，依照本法第六十一条的规定仍不能确定的，视为不定期租赁。当事人可以随时解除合同，但出租人解除合同应当在合理期限之前通知承租人

图 4-22　口头租赁合同的法律效用

（九）承租人对租赁物的使用有什么要求

承租人应该按照约定的方法使用租赁物，《合同法》中的规定如图 4-23 所示。

使用方法	承租人应当按照约定的方法使用租赁物。对租赁物的使用方法没有约定或者约定不明确，依照本法第六十一条的规定仍不能确定的，应当按照租赁物的性质使用
责任承担	承租人按照约定的方法或者租赁物的性质使用租赁物，致使租赁物有损耗的，不承担损害赔偿责任
	承租人未按照约定的方法或者租赁物的性质使用租赁物，致使租赁物有损耗的，出租人可以解除合同并要求赔偿损失

图 4-23 《合同法》对租赁物的使用要求

（十）承租人是否可以擅自装修租赁房屋

取得租赁的房屋后，很多人都希望能够按照自己的想法对房屋进行装修，那么承租人是否可以擅自对租赁房屋进行装修呢？对此，《合同法》有如下规定：

- ◆承租人经出租人同意，可以对租赁物进行改善或者增设他物。
- ◆承租人未经出租人同意，对租赁物进行改善或者增设他物的，出租人可以要求承租人恢复原状或者赔偿损失。

（十一）承租人是否可以转租

在合同未到期之前，承租人想要将租赁的场地或房屋转租给其他人，需经过出租人的同意。《合同法》有详细规定，如图 4-24 所示。

1	承租人未经出租人同意转租的，出租人可以解除合同
2	承租人经出租人同意，可以将租赁物转租给第三人。承租人转租的，承租人与出租人之间的租赁合同继续有效，第三人对租赁物造成损失的，承租人应当赔偿损失

图 4-24 对承租人转租的要求

（十二）因不可抗力致使托运物毁损，责任由谁负

不可抗力，是指不能预见、不能避免且不能克服的客观情况。地震、山体滑坡、泥石流等地质灾害都属于不可抗力的范畴。不可抗力是法定的免责事由，《合同法》对运输合同中因不可抗力所致托运物损毁的责任承担问题有如图 4-25 所示的规定。

1	货物在运输过程中因不可抗力灭失，未收取运费的，承运人不得要求支付运费；已收取运费的，托运人可以要求返还
2	承运人对运输过程中货物的毁损、灭失承担损害赔偿责任，但承运人证明货物的毁损、灭失是因不可抗力、货物本身的自然性质或者合理损耗以及托运人、收货人的过错造成的，不承担损害赔偿责任

图 4-25 因不可抗力所致货物损毁责任承担方式

（十三）需采取特殊保管措施的保管物，寄存时是否应当告知当事人

在与保管人签订保管合同的时候，有些货物需要采取特殊的保管方式，寄存人应该告知保管人，否则造成货物损害的，保管方不需承担责任。《合同法》有如下规定：

◆ 寄存人交付的保管物有瑕疵或者按照保管物的性质需要采取特殊保管措施的，寄存人应当将有关情况告知保管人。寄存人未告知，致使保管物受损失的，保管人不承担损害赔偿责任；保管人因此受损失的，除保管人知道或者应当知道并且未采取补救措施的以外，寄存人应当承担损害赔偿责任。

五、劳动合同法

企业通过劳动者来完成生产、服务任务。劳动者如同水，用人单位如同舟，水可载舟，亦能覆舟。因此，处理好与劳动者的关系对企业的经营至关重要，熟悉必要的劳动法知识就必不可少。

（一）用人单位能否单方面修改员工手册

员工手册是一个企业的规章制度，是企业员工的行动指南，对企业员工具有

管理效用。员工手册的制定与修改要符合相关的法律规定，用人单位不可以单方面修改员工手册的部分内容。《中华人民共和国劳动合同法》（以下简称《劳动合同法》）对员工手册的制定和修改作有以下规定：

◆用人单位在制定、修改或者决定有关劳动报酬、工作时间、休息休假、劳动安全卫生、保险福利、职工培训、劳动纪律以及劳动定额管理等直接涉及劳动者切身利益的规章制度或者重大事项时，应当经职工代表大会或者全体职工讨论，提出方案和意见，与工会或者职工代表平等协商确定。

◆用人单位应当将直接涉及劳动者切身利益的规章制度和重大事项决定公示，或者告知劳动者。

（二）约定劳动报酬不明确时执行劳动报酬的标准

用人单位和劳动者签订的劳动合同中，双方要对劳动报酬做出约定，以免引起不必要的纠纷。但是，在很多情况下，劳动合同中就劳动报酬的约定并不明确，此时应该怎样执行劳动报酬标准？《劳动合同法》中对此有相关规定，如图4-26所示。

未订立书面劳动合同

用人单位未在用工的同时订立书面劳动合同，与劳动者约定的劳动报酬不明确的，新招用的劳动者的劳动报酬按照集体合同规定的标准执行；没有集体合同或者集体合同未规定的，实行同工同酬

合同中约定不明确

劳动合同对劳动报酬和劳动条件等标准约定不明确，引发争议的，用人单位与劳动者可以重新协商；协商不成的，适用集体合同规定；没有集体合同或者集体合同未规定劳动报酬的，实行同工同酬；没有集体合同或者集体合同未规定劳动条件等标准的，适用国家有关规定

劳动报酬执行标准

集体合同中劳动报酬和劳动条件等标准不得低于当地人民政府规定的最低标准；用人单位与劳动者订立的劳动合同中劳动报酬和劳动条件等标准不得低于集体合同规定的标准

图4-26 《劳动合同法》对劳动报酬的相关规定

（三）劳动合同的类型

劳动合同是劳动者与用人单位确立劳动关系、明确双方权利和义务的协议。依据《劳动合同法》规定，劳动合同分为固定期限劳动合同、无固定期限劳动合同和以完成一定工作任务为期限的劳动合同，如图 4-27 所示。

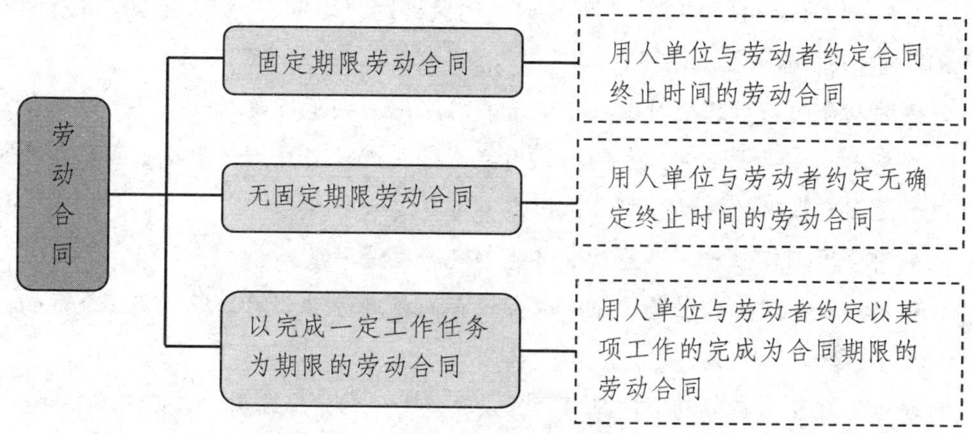

图 4-27　劳动合同的类型

用人单位可以根据不同的情况，与劳动者协商一致后签订适合的劳动合同。

（四）可以签订无固定期限劳动合同的情形

用人单位与劳动者协商一致，可以订立无固定期限劳动合同。依据《劳动合同法》，除了有图 4-28 所示的情形之一以外，劳动者提出或者同意续订、订立劳动合同的，除劳动者提出订立固定期限劳动合同外，应当订立无固定期限劳动合同。

1. 劳动者在该用人单位连续工作满十年的
2. 用人单位初次实行劳动合同制度或者国有企业改制重新订立劳动合同时，劳动者在该用人单位连续工作满十年且距法定退休年龄不足十年的
3. 连续订立二次固定期限劳动合同，且劳动者没有《劳动合同法》第三十九条和第四十条第一项、第二项规定的情形，续订劳动合同的

图 4-28　应该订立无固定期限劳动合同的情形

此外，《劳动合同法》规定，用人单位自用工之日起满一年不与劳动者订立书面劳动合同的，视为用人单位与劳动者已订立无固定期限劳动合同。

（五）用人单位是否可以随意规定试用期

用人单位在签订劳动合同的时候，一般会约定试用期，《劳动合同法》对用人单位的试用期作出了如下限制：

- ◆劳动合同期限三个月以上不满一年的，试用期不得超过一个月；劳动合同期限一年以上不满三年的，试用期不得超过二个月；三年以上固定期限和无固定期限的劳动合同，试用期不得超过六个月。
- ◆同一用人单位与同一劳动者只能约定一次试用期。
- ◆以完成一定工作任务为期限的劳动合同或者劳动合同期限不满三个月的，不得约定试用期。
- ◆试用期包含在劳动合同期限内。劳动合同仅约定试用期的，试用期不成立，该期限为劳动合同期限。

（六）加班费的支付标准

国家实行劳动者每日工作时间不超过八小时、平均每周工作时间不超过四十四小时的工时制度。对于加班加点工作的时间，用人单位要支付一定的加班费。《中华人民共和国劳动法》对加班费的支付标准作有明确规定，如图 4-29 所示。

延长劳动时间	安排劳动者延长工作时间的，支付不低于工资的百分之一百五十的工资报酬
休息日工作	休息日安排劳动者工作又不能安排补休的，支付不低于工资的百分之二百的工资报酬
法定假日工作	法定休假日安排劳动者工作的，支付不低于工资的百分之三百的工资报酬

图 4-29　加班费支付标准

（七）用人单位可以解除劳动合同的情形

依据《劳动合同法》的有关规定，如果劳动者有如图 4-30 所示的行为之一，用人单位可以解除劳动合同。

1 在试用期间被证明不符合录用条件的

2 严重违反用人单位的规章制度的

3 严重失职，营私舞弊，给用人单位造成重大损害的

4 因以欺诈、胁迫的手段或者乘人之危，使对方在违背真实意思的情况下订立或者变更劳动合同，致使劳动合同无效的

5 被依法追究刑事责任的

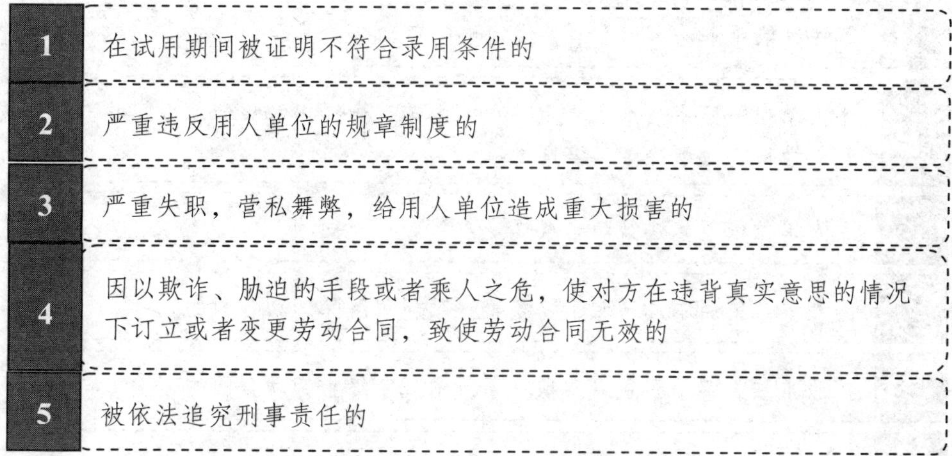

图 4-30　用人单位可解除劳动合同的情形

（八）公司裁员的条件

对于公司裁员的实质条件和程序，《劳动合同法》有明确的规定，公司在某些情形下，需要裁减人员二十人以上或者裁减不足二十人但占企业职工总数百分之十以上的，用人单位提前三十日向工会或者全体职工说明情况，听取工会或者职工的意见后，裁减人员方案经向劳动行政部门报告，可以裁减人员。用人单位能够裁员的情形包括如图 4-31 所示的几种。

1 依照企业破产法规定进行重整的

2 生产经营发生严重困难的

3 企业转产、重大技术革新或者经营方式调整，经变更劳动合同后，仍需裁减人员的

4 其他因劳动合同订立时所依据的客观经济情况发生重大变化，致使劳动合同无法履行的

图 4-31　企业可以裁员的情形

（九）什么情形下，用人单位需支付给员工经济补偿金

《劳动合同法》规定了在合同当事人解除或终止劳动合同时，用人单位应当向劳动者支付经济补偿的一些情况，如图 4-32 所示。

1	劳动者依照本法第三十八条规定解除劳动合同的
2	用人单位依照本法第三十六条规定向劳动者提出解除劳动合同并与劳动者协商一致解除劳动合同的
3	用人单位依照本法第四十条规定解除劳动合同的
4	用人单位依照本法第四十一条第一款规定解除劳动合同的
5	依照本法第四十四条第四项、第五项规定终止劳动合同的
6	除用人单位维持或者提高劳动合同约定条件续订劳动合同，劳动者不同意续订的情形外，依照本法第四十四条第一项规定终止固定期限劳动合同的

图 4-32　用人单位需支付经济补偿金的情形

第五章

劳动用工及社会保障常识

社会保险是国家通过立法的形式，由社会集中建立基金，以使劳动者在年老、患病、工伤、失业、生育等丧失劳动能力的情况下能够获得国家和社会补偿和帮助的一种社会保障制度。本章将介绍关于企业社会保障制度的相关常识。

一、社会保险的征缴

《劳动法》第七十条规定："国家发展社会保险事业，建立社会保险制度，设立社会保险基金，使劳动者在年老、患病、工伤、失业、生育等情况下获得帮助和补偿。用人单位和劳动者必须依法参加社会保险，缴纳社会保险费。"

（一）企业职工社会保险的险种

社会保险的内容包括五大险种，即养老保险、失业保险、医疗保险、工伤保险、生育保险，由企业或企业和个人共同承担保险费，如图 5-1 所示。

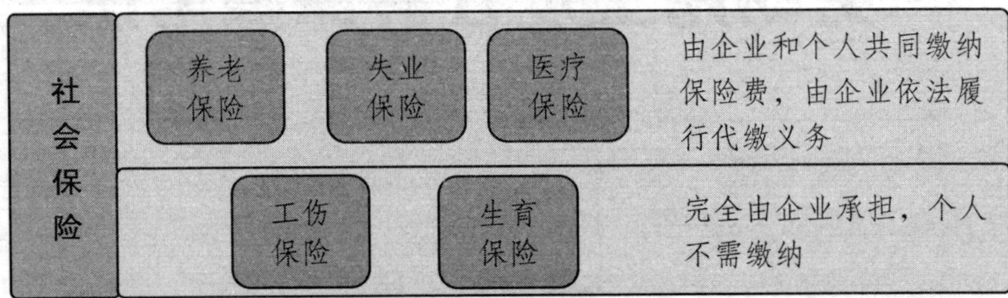

图 5-1　社会保险的内容

（二）社会保险缴纳基数的确定方式

社会保险缴纳基数，就是以社会平均工资的 60%～300%为缴纳社会保险的基数，通常是以上一年度职工工资收入为缴费基数，如图 5-2 所示。

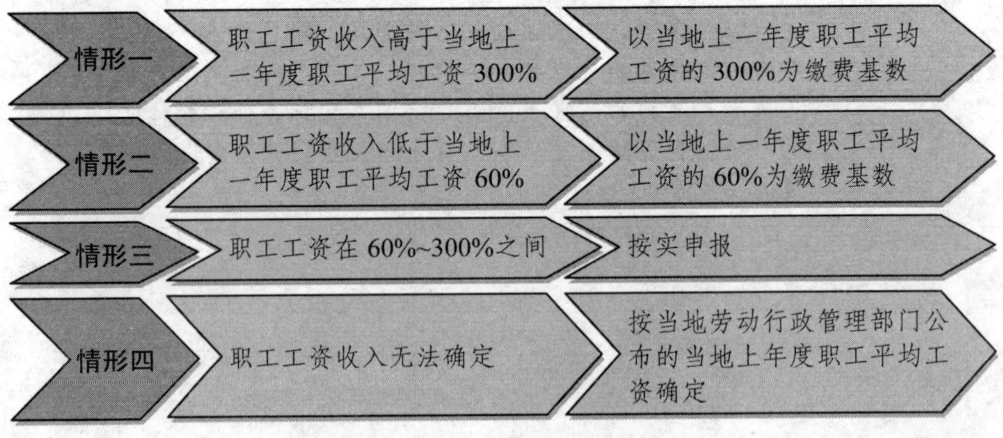

图 5-2　社会保险缴纳基数的确定

一般每年都会在 3 月或 7 月核定社会保险缴纳基数，并发布最新的最高基数和最低基数。企业可根据最新的发布时间，从当地的社保局查询最新的社会保险缴纳基数，或者也可以通过第三方软件查询全国的社保基数。

（三）单位对社会保险费征缴承担哪些法律责任

参加社会保险的单位必须及时向相关机构申报社会保险费数额，并在规定的时间内足额缴纳，否则将会被追究相应的法律责任。《社会保险费征缴暂行条例》对此作有具体规定，如图 5-3 所示。

未按规定缴纳	缴费单位未按规定缴纳和代扣代缴社会保险费的，由劳动保障行政部门或者税务机关责令限期缴纳；逾期仍不缴纳的，除补缴欠缴数额外，从欠缴之日起，按日加收千分之二的滞纳金
	对直接负责的主管人员和其他直接责任人员处 5 000 元以上 20 000 元以下的罚款
未按规定申报	缴费单位不按规定申报应缴纳的社会保险费数额的，由社会保险经办机构暂按该单位上月缴费数额的百分之一百一十确定应缴数额；没有上月缴费数额的，由社会保险经办机构暂按该单位的经营状况、职工人数等有关情况确定应缴数额
	未按照规定申报应缴纳的社会保险费数额的，由劳动保障行政部门责令限期改正；情节严重的，对直接负责的主管人员和其他直接责任人员可以处 1 000 元以上 5 000 元以下的罚款；情节特别严重的，对直接负责的主管人员和其他直接责任人员可以处 5 000 元以上 10 000 元以下的罚款

图 5-3　社会保险费征缴法律责任

（四）企业办理社会保险登记的程序

用人单位自领取营业执照 30 天之内，应当向当地社会保险经办机构申请办理社会保险登记。具体的办理程序如图 5-4 所示。

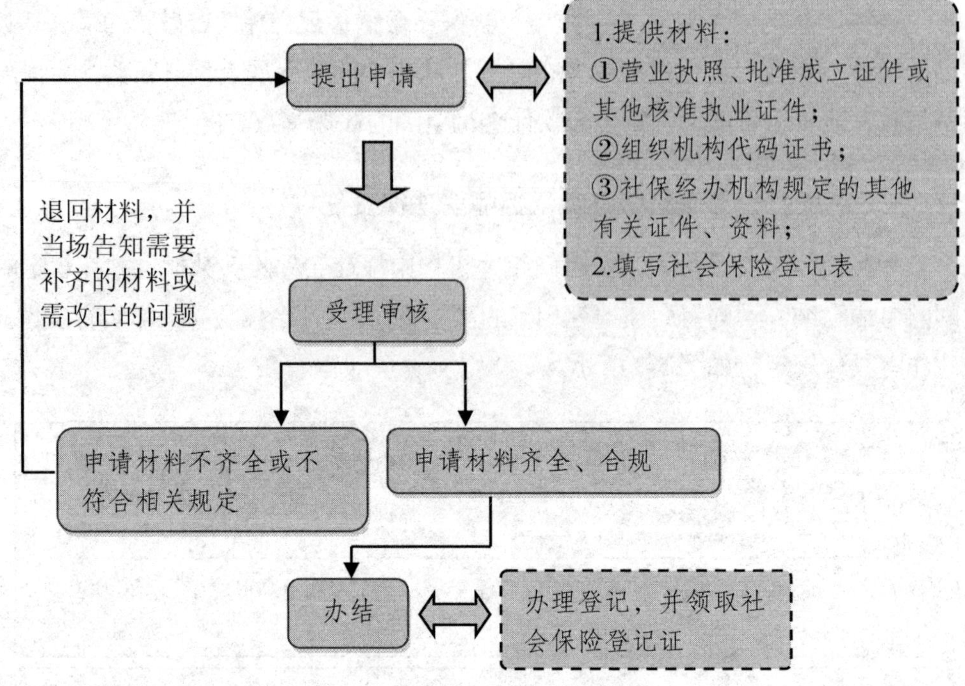

图 5-4　企业办理社会保险登记流程

二、养老保险

企业的养老保险，是指劳动者在达到法定退休年龄，丧失劳动能力，按照规定退出劳动岗位时，由社会提供物质帮助的一种社会保险形式。

（一）哪些工种的职工可提前退休

工种是根据劳动管理的需要，按照生产劳动的性质、工艺技术的特征或者服务活动的特点而划分的工作种类。

根据国家的相关规定，从事特殊工种的职工可申请提前退休，具体工种种类如图 5-5 所示。

从事高空、繁重体力劳动、高温等有害身体健康的工作	从事高空工作累计满 10 年的 高空作业，应当符合 GB3608—83《高处作业分级》标准中的第二级，并经常在 5 米以上的高处作业，无立足点或牢固立足点，确有堕落危险的
	从事特别繁重体力劳动累计满 10 年的 繁重体力劳动作业，应当符合 GB3869—83《体力劳动强度分级》标准中的第四级
	从事井下高温工作累计满 9 年的 高温作业，应当符合 GB4200—84《高温作业分级》标准中第四级
	从事其他有害身体健康工作累计满 8 年的
从事高原或低温作业	常年在海拔 3 500 米以上高原地区和常年在摄氏零度以下的冷库、生产车间等低温场所工作的工人退休时，可以参照从事井下、高温作业工人的有关规定办理
	常年在海拔 4 500 米以上高山、高原地区工作的工人退休时，可以参照从事其他有害身体健康工作工人的规定办理

图 5-5　职工可提前退休的工种

（二）员工借调，基本养老保险的缴纳由谁负责

借调是指一个单位借用别的单位的工作人员而不改变其隶属关系。当两个企业之间发生员工借调关系的时候，应该在借调合同中写明职工在借调期间的工资、社会保险等福利待遇的支付问题，这样才能既保障双方企业间的良好合作关系，又能保障职工的正常利益。

在借调期间，借调职工的养老保险缴纳途径不变，应由原单位缴纳。《关于贯彻执行〈中华人民共和国劳动法〉若干问题的意见》中对此有如下规定：

◆ 企业富余职工、请长假人员、请长病假人员、外借人员和带薪上学人员，其社会保险费仍按规定由原单位和个人继续缴纳，缴纳保险费期间计算为缴费年限。

（三）停薪留职期间养老保险缴纳的问题

停薪留职，是指劳动者向用人单位申请，要求脱离工作岗位一段时间，但仍与用人单位保持劳动关系，期间的权利义务依照法律规定或由双方约定，并获得用人单位同意的一种特殊的用人形式。

根据国家法律和有关停薪留职的规定，职工停薪留职期间的养老保险费用应当由原单位按时、足额缴纳。其具体的缴纳标准如图 5-6 所示。

停薪留职一年	按上一年度本人实际月平均工资收入缴纳基本养老保险费，其中月平均工资收入低于当年本地区的职工月平均工资的 60%的，按 60%缴纳
停薪留职一年以上	原月缴费工资低于本企业职工上一年度月平均工资的，满一年后可按本企业的平均工资缴纳基本养老保险费
	原月缴纳工资高于本企业职工平均工资的，仍按原缴费工资缴纳基本养老保险费

图 5-6　停薪留职职工养老保险的缴纳标准

（四）职工的养老金可否提前领取

养老金又称退休金、退休费，是最主要的养老保险待遇，包括统筹养老金和个人账户养老金。劳动者年老或丧失劳动能力后，根据其对社会所做贡献和所具备的享受养老保险资格或退休条件，按规定支付基本养老金。

关于基本养老保险金的领取，《社会保险法》作有如下规定：

◆ 参加基本养老保险的个人，达到法定退休年龄时累计缴费满十五年的，按月领取基本养老金。

◆ 参加基本养老保险的个人，达到法定退休年龄时累计缴费不足十五年的，可以缴费至满十五年，按月领取基本养老金；也可以转入新型农村社会养老保险或者城镇居民社会养老保险，按照国务院规定享受相应的养老保险待遇。

三、基本医疗保险

职工基本医疗保险，是为补偿劳动者因疾病风险所致的经济损失而建立的一项社会保险制度。城镇用人单位，包括企业（国有企业、集体企业、外商投资企业、私营企业）、机关、事业单位、社会团体、民办非企业单位及其职工，都要参加基本医疗保险。

（一）基本医疗保险基金的构成成分

基本医疗保险基金由统筹基金和个人账户构成，单位和个人缴纳的基本医疗保险费分别计入两个账户。根据个人账户的支付范围和职工年龄等因素，将一定比例的用人单位缴纳的保险费划入个人账户。具体计入方法如图 5-7 所示。

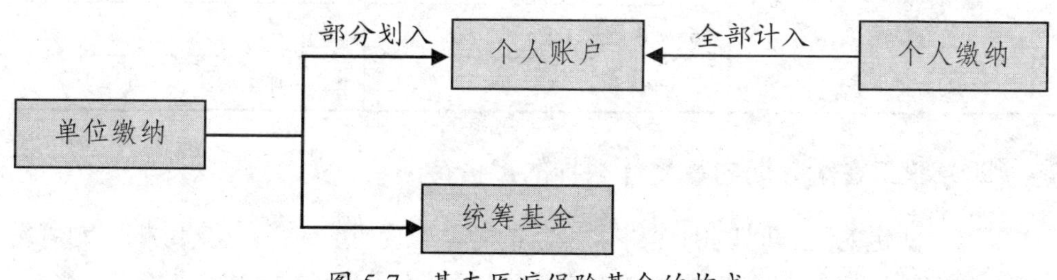

图 5-7　基本医疗保险基金的构成

（二）公司合并，医疗保险由谁负责

企业在经营过程中发生合并，此时承担医疗保险有关问题的责任应该由谁负责？公司合并应该遵循《公司法》的原则，对其债权、债务进行处理。

《中华人民共和国公司法》有如下规定：

◆公司合并时，合并各方的债权、债务，应由合并后存续的公司或者新设的公司承继。

因此，公司发生合并，其所产生的职工医疗费用报销问题，应由合并后存续的公司或新设的公司承继。

（三）职工患病医疗期的计算方法

医疗期就是企业职工因患病或非因工负伤停止工作治疗休息不得解除劳动合

同的时限。那么，医疗期的长短是如何确定的呢？

《企业职工患病或非因工负伤医疗期规定》中规定，根据职工参加工作年限和在本单位工作年限，一般享有三个月到二十四个月不等的医疗期。确定医疗期的具体方法见表 5-1。

表 5-1　职工医疗期月数表

实际工作年限	本单位工作年限	医疗期月数
十年以下	5 年以下	3 个月
	5 年以上	6 个月
十年以上	5 年以下	6 个月
	5～10 年	9 个月
	10～15 年	12 个月
	15～20 年	18 个月
	20 年以上	24 个月

（四）职工在医疗期内享受什么样的工资待遇

职工在法定的工作时间内提供了正常的劳动，企业应该为其支付相应的劳动报酬。在职工病假期间企业应该怎样支付其工资呢？为了保障患病职工在医疗期的生活水平不会受到较大影响，对于职工的病假工资发放的最低标准，《关于贯彻执行〈中华人民共和国劳动法〉若干问题的意见》中作有如下规定：

◆职工患病或非因工负伤治疗期间，在规定的医疗期间内由企业按有关规定支付其病假工资或疾病救济费，病假工资或疾病救济费可以低于当地最低工资标准支付，但不能低于最低工资标准的 80%。

（五）用人单位是否应该报销职工个人自行缴纳的医疗保险费

医疗保险费是由职工、单位和国家按照一定的比例三方共同缴费而形成的。当参保职工因病就诊时，可以从中获得部分或全部的报销。但是，只有按时缴纳足额的医疗保险费才能享受报销的权利。

医疗保险具有强制性，不管单位或个人是否愿意，都必须参加。《社会保险法》中有如下规定：

◆职工应当参加职工基本医疗保险，由用人单位和职工按照国家规定共同缴纳基本医疗保险费。

◆无雇工的个体工商户、未在用人单位参加职工基本医疗保险的非全日制从业人员以及其他灵活就业人员可以参加职工基本医疗保险，由个人按照国家规定缴纳基本医疗保险费。

用人单位应当承担企业在医疗保险中应缴纳的比例，如果因为一些原因企业不便为员工办理医疗保险缴费手续的，也应当承担职工已经缴纳的费用中应由企业承担的部分。因此，员工自行缴纳了医疗保险费用，其中应当由单位缴纳的部分，用人单位应该予以承担相关的费用。

四、工伤保险

工伤保险是国家强制实施的，面向用人单位或企业筹集工伤保险基金，以补偿职工因工伤导致丧失收入能力，享受医疗保障待遇的一种社会保险制度。其实质就是一种建立在民法基础上的用人单位对本单位职工工伤事故进行赔偿的制度。

（一）工伤保险费由谁缴纳

用人单位或有雇工的个体工商户应当依照相关政策规定参加工伤保险，为本单位的全部职工或雇工缴纳工伤保险费。对于工伤保险费的缴纳额，《工伤保险条例》作出如下规定：

◆用人单位应当按时缴纳工伤保险费。职工个人不缴纳工伤保险费。

◆用人单位缴纳工伤保险费的数额为本单位职工工资总额乘以单位缴费费率之积。

◆对难以按照工资总额缴纳工伤保险费的行业，其缴纳工伤保险费的具体方式由国务院社会保障部门规定。

（二）哪些情形可以被认定为工伤

工伤，又称产业伤害、职业伤害、工业伤害、工作伤害，是指劳动者在从事职业活动或者与职业活动有关的活动时所遭受的不良因素的伤害和职业病伤害。那么，职工发生什么情形可认定是工伤呢？《工伤保险条例》对此有具体规定，如图 5-8 所示。

1	在工作时间和工作场所内，因工作原因受到事故伤害的
2	工作时间前后在工作场所内，从事与工作有关的预备性或者收尾性工作受到事故伤害的
3	在工作时间和工作场所内，因履行工作职责受到暴力等意外伤害的
4	患职业病的
5	因工外出期间，因工作原因受到伤害或者发生事故下落不明的
6	在上下班途中，受到非本人主要责任的交通事故或者城市轨道交通、客运
7	法律、行政法规规定应当认定为工伤的其他情形

图 5-8　认定为工伤的情形

（三）哪些情形可被视为工伤

除了上面可以直接视为工伤的情形，职工发生的某些情形也可被视为工伤，同时可享受相应的工伤保险待遇。可被视为工伤的情形以及可享受的相应的保险待遇如图 5-9 所示。

在工作时间和工作岗位，突发疾病死亡或者在 48 小时之内经抢救无效死亡的	享受工伤保险待遇
在抢险救灾等维护国家利益、公共利益活动中受到伤害的	享受工伤保险待遇
职工原在军队服役，因战、因公负伤致残，已取得革命伤残军人证，到用人单位后旧伤复发的	享受除一次性伤残补助金以外的工伤保险待遇

图 5-9　被视同工伤的情形及相应保险待遇

（四）不能被认为或视同工伤的情形

职工符合工伤的情形，可享受相应的工伤保险的待遇，但是如果出现如图 5-10 所示的情形，则不能将其认为或视同工伤，自然就不能享受工伤保险待遇。

图 5-10 不能被认为或视同工伤的情形

（五）申请办理工伤认定的程序

职工发生事故伤害或被诊断为职业病，其所在单位应当向劳动和社会保障行政部门依法提出工伤认定申请。申报工伤有时间限制，即用人单位应当在自事故发生之日或者被诊断、鉴定为职业病之日起 30 日内提出申请。如遇特殊情况，未在规定的时间内提出申请，经相关部门同意后，其申请时限可适当延长。

用工单位申请工伤认定的具体流程如图 5-11 所示。

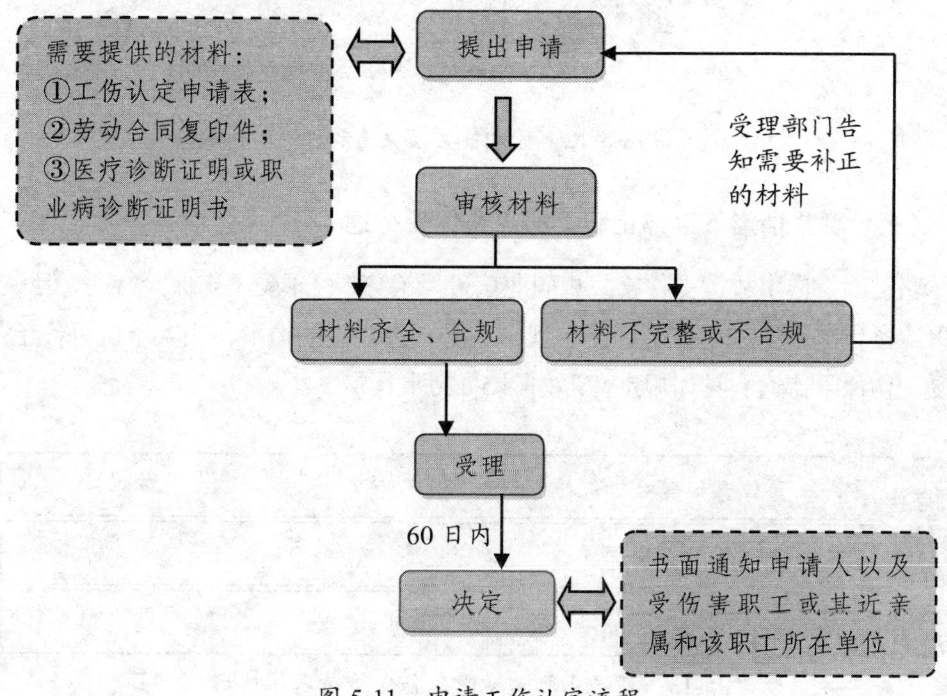

图 5-11 申请工伤认定流程

（六）劳动能力鉴定的登记分类

职工发生工伤，经治疗伤情相对稳定后存在残疾，对劳动能力造成影响的，应当进行劳动能力鉴定。

劳动能力鉴定，是指劳动者因公受伤或患病后，劳动鉴定机构根据相关鉴定标准，运用医学技术和手段确定劳动者劳动伤残程度和丧失劳动能力程度的一种综合评定，包括劳动功能障碍程度的鉴定和生活自理障碍程度的登记鉴定。鉴定等级结果如图 5-12 所示。

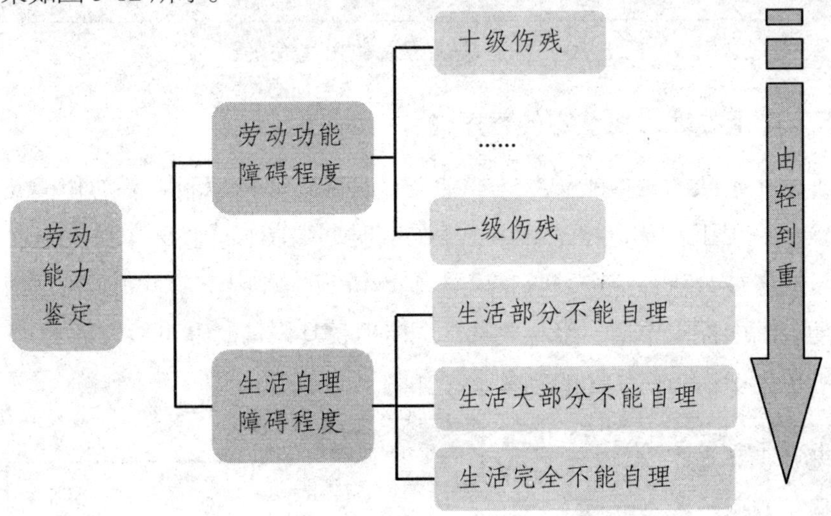

图 5-12　劳动能力鉴定等级

（七）哪些情形下可停止职工的工伤保险待遇

职工因工作事故遭受伤害或患职业病进行治疗，可享受工伤保险待遇，但《工伤保险条例》中有规定，若职工出现一些不符合规定的情形，用人单位可停止其享受工伤保险待遇。具体规定情形如图 5-13 所示。

图 5-13　可停止职工享受工伤保险待遇的情形

（八）企业转让、分立、合并或破产后工伤保险如何承担

在经营过程中，企业可能会发生转让、分立或者合并、破产的情况，那么在这些情形下，职工的工伤保险责任应该如何承担？《工伤保险条例》中作出了具体规定，如图 5-14 所示。

分立、合并、转让	用人单位分立、合并、转让的，承继单位应当承担原用人单位的工伤保险责任；原用人单位已经参加工伤保险的，承继单位应当到当地经办机构办理工伤保险变更登记
破产	企业破产的，在破产清算时依法拨付应当由单位支付的工伤保险待遇费用

图 5-14　企业转让、分立、合并、破产后工伤保险承担方式

五、失业保险

失业保险是国家依法强制实施的，以劳动者为受益对象的，通过筹集失业保险基金，用以解决符合规定条件的失业者的生活保障问题的一项社会保险制度。它是社会保障体系的重要组成部分，是社会保险的主要项目之一。

（一）哪些单位和个人必须参加失业保险

根据《失业保险条例》规定，城镇企业事业单位及其职工，无论单位生产经营状况好坏，职工失业风险大小，都必须参加失业保险。

这里所说的城镇企业，是指国有企业、城镇集体企业、外商投资企业、城镇私营企业等。

（二）失业保险费的缴费分配

失业保险费由参保单位及其职工共同承担，具体的缴费分配如图 5-15 所示。

（三）申领失业保险金的职工应具备的条件

失业保险金，是指失业保险经办机构依法支付给符合条件的失业人员的基本生活费用。失业人员申领失业保险金要满足一定的条件，如图 5-16 所示。

1	无固定工资额的缴费单位，以统筹地区上年度社会平均工资为基数缴纳失业保险费
2	单位招聘的农牧民合同制工人本人不缴纳失业保险费
3	城镇企业、外商投资企业、事业单位、社会团体和民办非企业单位按照本单位工资总额的2%缴纳；其职工按照本人工资的1%缴纳，并由本单位从其本人工资中代扣代缴

图 5-15 失业保险费的缴费规定

1. 参加失业保险，所在单位和本人已按照规定履行缴费义务满 1 年的
2. 非因本人意愿中断就业的
3. 已办理失业登记，并有求职要求的

图 5-16 中领失业保险金应满足的条件

（四）可以停止失业人员失业保险待遇的情形

失业人员可在法律规定的范围内享受失业保险待遇，但是如果失业人员在领取失业保险金期间发生不合规定的情形，可停止其享受失业保险的待遇。这些违反规定的情形如图 5-17 所示。

1. 重新就业的
2. 应征服兵役的
3. 移居境外的
4. 享受基本养老保险待遇的
5. 被判刑收监执行或者被劳动教养的
6. 无正当理由，不接受当地人民政府指定的部门或者机构介绍的工作
7. 有法律、行政法规规定的其他情形的

图 5-17 停止享受失业保险待遇的情形

六、生育保险

生育保险，是国家和社会对女职工由于妊娠、分娩而暂时丧失劳动能力时所提供的生活保障的一种社会保险制度。

（一）是否应该给男职工缴纳生育保险费

生育保险是为了保障女性职工在生育期间得到必要的经济补偿和医疗保障，而男性职工通过参加生育保险能够惠及妻子。用人单位必须为男性职工办理生育保险，对此有法律依据。

◆《中华人民共和国社会保险法》第五十三条规定："职工应当参加生育保险，由用人单位按照国家规定缴纳生育保险费，职工不缴纳生育保险费。"

其中的"职工"并没有限定为女性职工，也就是意味着其中包括了男性职工，只要形成劳动关系，无论男女，用人单位都应当为其缴纳生育保险费。

（二）女性职工产假期限是如何规定的

女职工享受产假待遇是对女性职工实施特殊劳动保护的重要措施之一，是社会保险的一项重要内容。《女职工劳动保护特别规定》中规定的产假期限如图 5-18 所示。

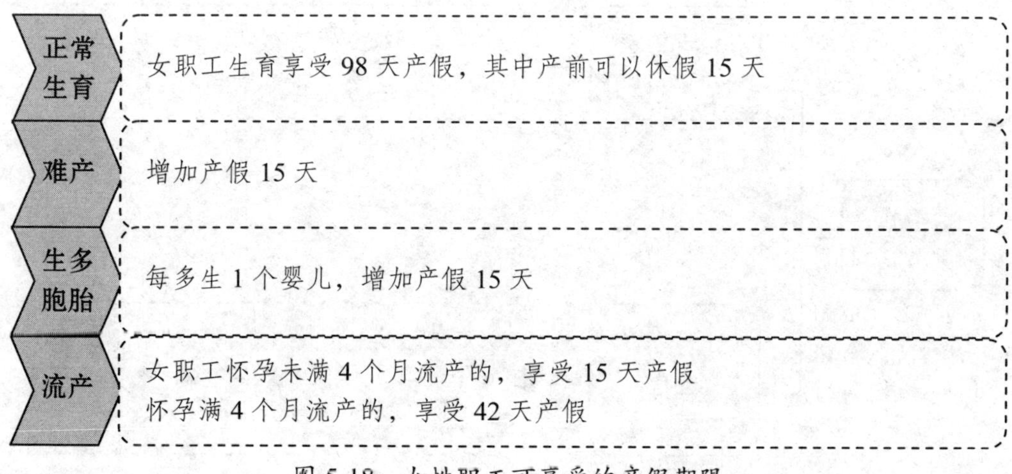

图 5-18 女性职工可享受的产假期限

（三）生育保险待遇的内容

我国生育保险待遇主要包括两项：生育津贴和生育医疗费用。

（1）生育津贴

生育津贴，用于保障女性职工在产假期间的基本生活需要。我国对生育保险的津贴的支付方式和支付标准分为两种情况，如图 5-19 所示。

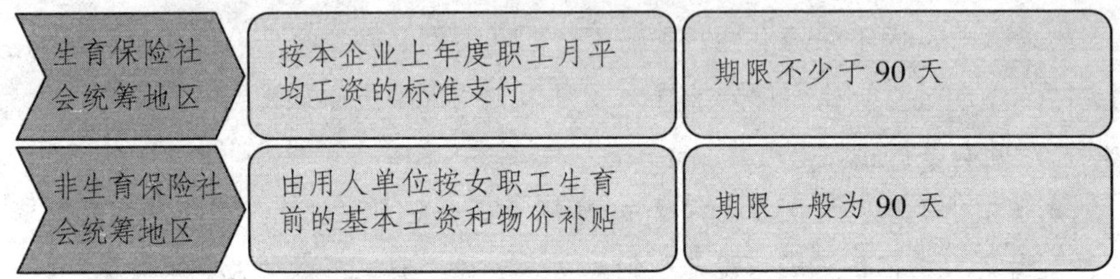

图 5-19　生育津贴支付方式和支付标准

生育津贴有具体的计算公式，女职工生育津贴的计算公式为：

生育津贴 = 女职工本人生育当月的缴费基数 ÷ 30（天）× 假期天数

（2）生育医疗费用

生育医疗费用，用于保障女性职工怀孕、分娩期间以及职工实施节育手术时的基本医疗保健需要。其主要包括的项目内容如图 5-20 所示。

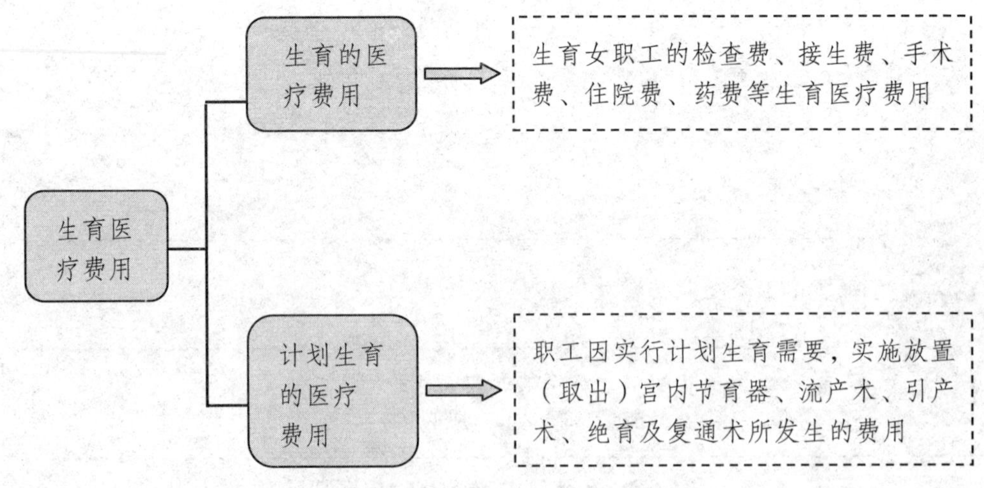

图 5-20　生育医疗费用的内容

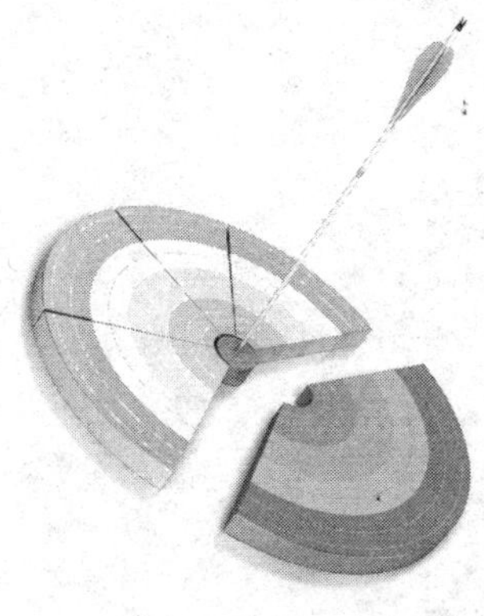

第二篇

商业策略与案例篇

BUSINESS

第六章

改变自己、看懂商界的神奇定律——商业法则

一个能够明白事理、把握大局观的“领袖”是不可或缺的，一个企业要想能够在行业中站稳脚跟并站立起来，就需要这样的“舵手”。每个领域都有其独特的游戏规则，只有能够细致地把握商业活动中每一个细微的变化，才能够赢得商业的未来，即使现在还没有明显的业绩，至少要有看懂商业法则的“眼睛”。

一、二八法则：请重视最关键的少数部分

二八定律又名 80/20 定律、帕累托法则（定律）、不平衡原则等，被广泛应用于社会学及企业管理学等。

1897 年，意大利经济学者帕累托偶然注意到 19 世纪英国人的财富和收益模式。在调查取样中，他发现大部分的财富流向了少数人手里。同时，他还从早期的资料中发现，在其他的国家都发现有这种微妙关系一再出现，而且在数学上呈现出一种稳定的关系。于是，帕累托从大量具体的事实中发现：社会上 20%的人占有 80%的社会财富，即财富在人口中的分配是不平衡的。同时，人们还发现生活中存在许多不平衡的现象。因此，二八定律成为这种不平等关系的简称。

二八定律在生活中广泛存在，例如一个企业 80%的利润来自它 20%的项目；20%的人手里掌握着 80%的财富；世界上大约 80%的资源是由世界上 20%的人口所消耗；20%的人身上集中了人类 80%的智慧，他们一出生就鹤立鸡群。

二八法则在企业上的应用：要想提高企业的效益，就要创建优良的管理模式，使经营管理突出重点，而重点是企业中 20%的经营骨干力量、20%的重点产品、20%的重点客户、20%的重点信息以及 20%的重点项目。找到重点后，企业将注意力集中到这 20%的重点上。二八管理法则的精髓在于使那 20%关键性部分的经营业务在管理中得到突出，为企业全面发展起“龙头”作用。

在营销中，二八法则的作用更是不容忽视。瑞典银行经过长时间的观察发现，在银行的全部客户中，真正能为银行创造利润的只有 20%的客户，而其余的 80%的客户基本上对银行的发展起不到什么作用。最让银行感到不安的是，这 20%的大财主们对银行的服务很不满意，他们一直在与银行保持着若即若离的关系。

于是，银行组织决定为这 20%的“大财主”提供特殊的礼遇，开始努力改善对可盈利客户的服务。此举让银行失去了一部分客户，却增加了可盈利客户与银行的往来，银行的总营业额在上升。

生活中，如果善于利用这种不平衡，那么我们的生活就会比现在幸福得多。作为经营者，只要能把握住给自己带来利润的 20%的客户，就不用担心企业不能生机勃勃。比如，当我们知道了 80%的啤酒是被那 20%的人喝掉了，那么企业完

全可以给予 20%的那些人特别的关注，牢牢地抓住他们。

现实生活中，我们经常可以看到，有些看起来并不怎么努力的人，却能得到比别人更多的好处，甚至是成功，与其说他们私下比较努力，不如说当别人在偏离要点的 80%的部分上打拼的时候，他们抓住了重要的 20%的部分，如图 6-1 所示。

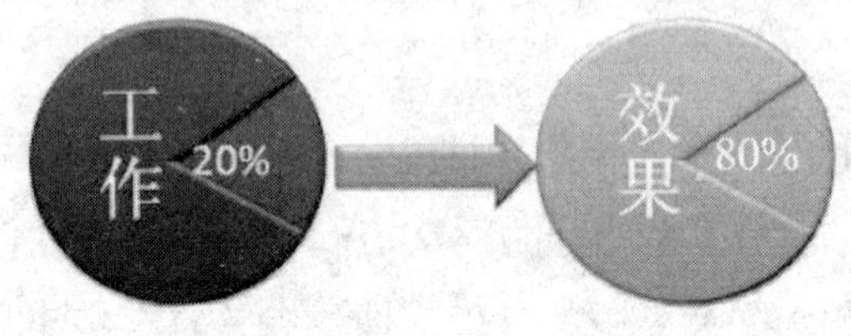

图 6-1　工作上的二八法则

一个人的时间与精力非常有限，要想真正“做好每一件事情”几乎不可能。要学会合理分配时间和精力，面面俱到还不如将重点突破，把 80%的资源花在能出关键效益的 20%的方面，这 20%的方面又能带动其余 80%的发展。

二八法则不仅在经济学、管理学领域应用广泛，它对我们的自身发展也有重要的现实意义：学会避免将时间和精力花费在琐事上，要学会抓主要矛盾。

二、达维多定律：创新＝利润

达维多定律是由曾任职于英特尔公司高级行销主管和副总裁的威廉 · H · 达维多（William.H.Davidow）提出并以其名字命名。他认为，任何企业在本产业中必须不断更新自己的产品。一家企业如果要在市场上占据主导地位，就必须第一个开发出新一代产品。英特尔公司的微处理器并不总是性能最好、速度最快，但是英特尔公司始终是新一代产品的开发者与倡导者。

1995 年 4 月 26 日，在英特尔公司实施牺牲 486，支撑奔腾 586 的战略时，英特尔公司表示，“这一决定反映了英特尔公司的一个长期战略，即运用达维多定律的方法，要比竞争对手抢先一步生产出速度更快、体积更小的微处理器……然后通过一边削减旧芯片的供应，一边降低新芯片的价格使得电脑制造商与电脑用户不得不听其摆布。英特尔公司通过使用这种战略，把许多竞争对手远远抛在了后面，因为这些竞争对手在此时生产出的产品尚未能达到英特尔公司制定的新标准”。

创新是企业生存和发展的灵魂，是一个企业扩大、可持续发展的根本原因之一。对一个企业来说，要适应整个环境的变化，就要全方位地创新，不断地创新经营理念、思路、模式和产品技术来提高竞争力。创新是企业真正能够实现发展、生存与壮大的动力。

创新不只是从技术开始，更关键的一点就是企业是否能够真正了解客户的需求。了解到消费者个人，才能了解消费者想要的东西。企业要用一种宽泛的视角来思考问题，对接市场，创新就是要拉近企业与消费者的距离。

创新对于任何企业都非常重要。创新要有一套方法和理论，对企业的创新来讲，可能只有 20%的创新是发明，另外的 80%的创新是一个优化。从这个意义上来讲，企业要发展做大做强，就要不断地去满足客户的需求，把最新的产品技术与管理方式结合到企业的业务发展之中。任何企业都离不开创新，而且这种创新不是一次性的创新，而是持续不断的创新。

美的始终坚持开放的、兼收并蓄的文化和“不断引进、消化、吸收、再创新”的创新战略，为企业创新树立了榜样。美的集团构建了四大创新模式——以技术创新提供长效动力，以体系创新保障持久活力，以经营创新拓宽产业版图，以产品创新占领市场高地。

在“美的式创新”模式中，最终落脚在产品创新，而产品创新又为美的集团带来更稳固的市场地位。美的蒸汽洗油烟机已经实现了四代蒸汽洗技术变革，构建了美的厨电独有的自清洗产品竞争优势。作为在微波炉行业拥有绝对领军地位的美的微波炉，从 2008 年开始引入日韩企变频技术，经过 10 年的不断突破创新，美的第 4 代变频技术完成了对日韩企业的赶超，实现国际领先。凭借着传统产业的技术突破及新兴领域的不断探索，美的厨电 2016 年全年营收 180 亿，成为国内厨电第一品牌，在美的集团内部，厨电已经成为新的市场增长点之一。2017 年《财富》世界 500 强排行榜，美的集团凭借 240.6 亿美元的营业收入、22 亿美元的净利润，排名第 450 名，再次成为唯一上榜的中国家电企业。

达维多定律告诉我们：只有不断创造新产品，及时淘汰旧产品，使成功的新产品尽快进入市场，才能形成新的市场和产品标准，从而掌握制定游戏规则的权力。要做到这一点，其前提是要在技术上永远领先。企业只有依靠创新所带来的短期优势来获得高额的“创新”利润，而不是试图维持原有的技术或产品优势，才能获得更大发展。

三、鲇鱼效应：盘活沉闷的团队

挪威人喜欢吃沙丁鱼，尤其是活的沙丁鱼。市场上活鱼的价格要比死鱼高许多。可是在运输途中，绝大部分沙丁鱼会因窒息而死亡。但有一条渔船总能让大部分沙丁鱼活着回到渔港。船长严格保守着秘密，直到船长去世，谜底才揭开。

原来是船长在装满沙丁鱼的鱼槽里放了一条鲇鱼，鲇鱼是以鱼为主要食物的鱼类。鲇鱼进入鱼槽后，由于环境陌生，便四处游动。沙丁鱼见了鲇鱼十分紧张，左冲右突，四处躲避，加速游动。这样沙丁鱼缺氧的问题就迎刃而解了，沙丁鱼也就不会死亡了。一条条沙丁鱼活蹦乱跳地回到了渔港。这就是著名的“鲇鱼效应”。

鲇鱼效应就是采取一种手段或措施，刺激一些企业活跃起来，投入市场中积极参与竞争，从而激活市场中的同行业企业。其实质是一种负激励，是激活员工队伍之奥秘。

在企业管理中，管理者要实现管理的目标，同样需要引入鲇鱼型人才，以此来改变企业相对一潭死水的状况。

鲇鱼效应对于“鲇鱼”来说，在于自我实现。鲇鱼型人才是企业管理所必需的。鲇鱼型人才是出于获得生存空间的需要而出现，而并非是一开始就有如此的良好动机。对于鲇鱼型人才来说，自我实现始终是最根本的目标。

鲇鱼效应对于“沙丁鱼”来说，在于激活忧患意识。沙丁鱼型员工的忧患意识太少，一味地追求稳定，但现实的生存状况不允许沙丁鱼有片刻的安宁。“沙丁鱼”如果不想窒息而亡，就必须活跃起来，积极寻找新的出路。

鲇鱼效应是企业领导层激发员工活力的有效措施之一。当一个组织的工作达到较稳定的状态时，常常意味着员工工作积极性的降低，“一团和气”的集体不一定是一个高效率的集体，这时候“鲇鱼效应”将起到很好的“医疗”作用。一个组织中，如果团队中始终有一位“鲇鱼式”的人物，无疑会激活团队的力量，提高工作业绩。

四、六顶思考帽：将争论变成集思广益

六顶思考帽是英国学者爱德华·德·波诺（Edward de Bono）博士开发的一种思维训练模式，或者说是一个全面思考问题的模型。它提供了“平行思维”，避免

将时间浪费在互相争执上，强调“能够成为什么”，而不是“本身是什么”；寻求一条向前发展的路，而不是争论谁对谁错。

所谓六顶思考帽，是指使用六种不同颜色的帽子代表六种不同的思维模式，如图 6-2 所示。任何人都有能力使用这六种基本思维模式。

白帽子——信息帽

白色是中立而客观的。戴上白色思考帽，人们关注的是客观的事实和数据以及处理信息的功能。在评价新情况、解决争端和谈判说服时可以用白色思考帽，关键在于努力发现信息，态度保持中立

绿帽子——创造帽

绿色象征勃勃生机，绿色思考帽寓意创造力和想象力。它具有创造性思考、头脑风暴、求异思维等功能。在摆脱束缚、寻求改进、追求新方法新理念、创造性地解决问题时用绿色思考帽

黄帽子——乐观帽

黄色代表价值与肯定。戴上黄色思考帽，人们从正面考虑问题，表达乐观的、满怀希望的、建设性的观点。在处理重大变化、探求新见解、减少负面效果等情况时用黄色思考帽，黄色思考帽有识别事物积极因素的功能

黑帽子——谨慎帽

戴上黑色思考帽可以避免错误，检查可行性，在谈判中人们可以运用否定、怀疑、质疑的看法，合乎逻辑地进行批判，尽情发表负面的意见，找出逻辑上的错误

红帽子——情感帽

红色是情感的色彩。戴上红色思考帽，人们可以展现自己的情绪，还可以表达直觉、感受、预感等方面的看法

蓝帽子——指挥帽

蓝色思考帽负责控制和调节思维过程，它负责控制各种思考帽的使用顺序，规划和管理整个思考过程，并负责做出结论。在明确工作进度、掌控方法、打断争论时，可以运用蓝色思考帽

图 6-2 六顶思考帽

六顶思考帽是平行思维工具，是创新思维工具，也是人际沟通的操作框架，更是提高团队智商的有效方法。运用德·波诺的六顶思考帽，将会使混乱的思考变得更清晰，使团体中无意义的争论变成集思广益的创造，使每个人变得富有创造性。

思路决定出路，“六顶思考帽”是一种简单、有效的平行思考程序。它帮助人们做事更有效率，更专注，更加运用智慧的力量。

五、手表定律：管理方法，一种就够了

拥有两块以上的手表并不能帮人更准确地判断时间，反而会制造混乱，让看表的人失去对时间的判断，这就是著名的手表定律。手表定律的另一层含义在于每个人都不能同时挑选两种不同的行为准则或者价值观念，否则那个人的行为将陷入混乱。人类社会和动物界一样，一个身体有两个头部，正常情况下难以存活。

做事情必须要有一个确定的目标，脚踏实地、坚定不移地去努力，这样才有成功的机会。当两个目标冲突时，只能放弃一个去完成另一个，这毫无疑问。那些同时想做两件截然不同事情的人，必然任何一件事都不会成功。对于企业而言，一种管理方法已足矣。

（一）找到一个最好的方法

两只手表并不能告诉你更准确的时间，只会让你失去对准时的信心。它让你无所适从，不知自己该相信哪一个，这时候要做的就是选择其中你觉得可以信赖的方法，以此作为你的标准，并且坚持下去。

（二）坚定自己的想法

有时候，如果你已经知道企业真正的需求，就没有必要再去征求别人的意见。这时任何人的建议都会影响你的自我判断和决心。很多时候方法不是越多越好，对你来说，常常只需要一块手表。

（三）别让员工无所适从

手表定律给企业管理者的启发是非常直观的，企业不能同时采用两种不同的

管理方法，领导者不能朝令夕改，否则企业无法运转，员工将无所适从。

美国在线是一家在线信息服务公司，可提供电子邮件、新闻组、教育和娱乐服务，并支持对因特网的访问。时代华纳是时代公司和华纳兄弟公司两家公司合并成立的，它是美国一家具有70年历史的老牌大型媒体集团，拥有CNN、卡通电视、华纳兄弟电影公司、《人物》杂志、《财富》杂志、《娱乐周刊》等。

2000年1月，美国在线与时代华纳宣布合并并组建世界最大的传媒界公司，人们惊羡地称之为传媒界的“超级航母”。可是，美国历史上最大的公司合并案最终却失败了。

美国在线和时代华纳最大的问题在于企业冲突。两公司合并后，在业务方面仍是合并前的分割状态，极少有互相渗透的业务。美国在线即使拥有了像时代华纳这样强大的内容资源也难以将其转化为高额的收入。时代华纳的内容也没有通过美国在线的网络服务出售给消费者。

美国在线和时代华纳是跨文化的大型合并，是新旧媒体的联姻。美国在线是新媒体的代表，是一个年轻的互联网公司，特点是操作灵活、决策迅速、善于创新、敢于冒险。而作为传统企业的时代华纳在长期的发展过程中积累了深厚的传统媒体的文化底蕴，有着受人拥护的诚信之道以及准确把握市场需求的能力，善于从经验中吸取教训，不断地推出新产品，其热忱的创新精神使其诚信之道得以延伸。

时代华纳的员工认为网络并不是一个新世界，而是一个新市场，开发得当，可以为现有的媒体业务增加收入。最终的结果是，美国在线占据着公司的主导地位，却拖累了整个公司的业绩，连公司的名称美国在线也放在前面，华纳的老员工自然有些不甘心。美国在线的员工却认为，时代华纳的有线电视、电影公司、音乐集团等创造的产品，只是先进的、迅猛发展的网络“传统饲料”而已。

两种冲突的观念以对峙的形式表现出来。时代华纳的员工看不惯美国在线放荡不羁的IT作风，美国在线的员工也瞧不起时代华纳的刻板保守。两大阵营的对立和对控制权的争夺严重影响了集团内部决策。

集团难以进行及时有效的经营策略和业务模式的调整、业务整合以及文化融合，使得业绩进一步恶化，加剧了对立，增加了调整、整合以及融合的难度。

2003年9月18日，美国在线——时代华纳公司董事会投票一致决定，从公司的名字中去掉“美国在线”字样，将公司名称改为时代华纳。这标志着美国历史上最大的公司合并案失败。

六、250 定律：不要轻易得罪任何一个人

美国著名推销员乔·吉拉德在商战中总结出“250 定律”。他认为每一位顾客身后约有 250 名亲朋好友。如果你赢得了一位顾客的好感，就意味着赢得了 250 个人的好感；反之，如果你得罪了一名顾客，也就意味着得罪了 250 名顾客。

这一定律有力地论证了“顾客就是上帝”的真谛。因此，在任何情况下都不要得罪任何一个顾客。

在乔·吉拉德的推销生涯中，他每天都将 250 定律牢记在心，抱定客户至上的态度，时刻控制着自己的情绪，不因顾客的刁难，或是不喜欢对方，或是自己心绪不佳等原因而怠慢顾客。乔·吉拉德说：“你只要赶走一个顾客，就等于赶走了潜在的 250 个顾客。”

250 定律的主要内容包括以下几个方面，如图 6-3 所示。

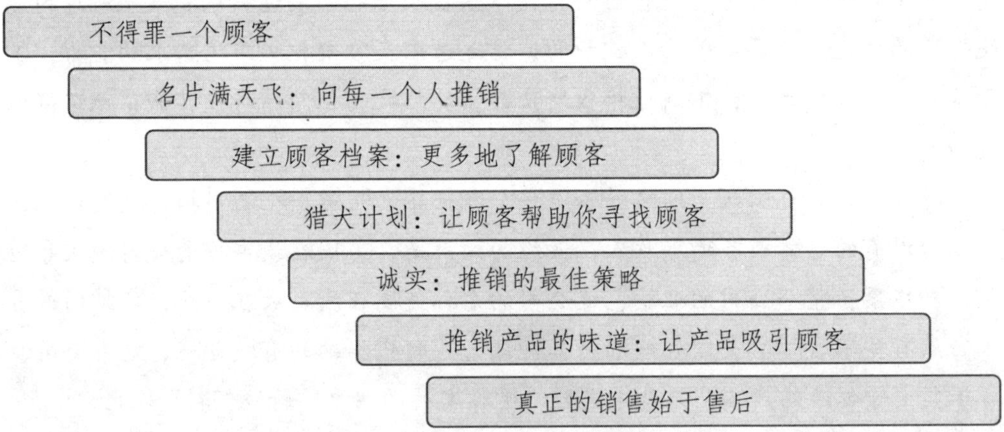

图 6-3　250 定律的主要内容

（一）不得罪一个顾客

在每位顾客的背后都大约站着 250 个人，这是与他关系比较亲近的人：同事、邻居、亲戚、朋友。如果一名推销员在年初的一个星期里见到 50 个人，其中只要有两个顾客对他的态度感到不愉快，到了年底，由于连锁影响就可能有 5 000 个人

不愿意与这名推销员打交道，他们知道一件事：不要与这位推销员做生意。因此，在任何情况下都不要得罪任何一个顾客。

（二）名片满天飞：向每一个人推销

乔·吉拉德到处递送名片，在餐馆就餐付账时，他把名片夹在账单中；在运动场上，他把名片大把大把地抛向空中。名片漫天飞舞，就像雪花一样，飘散在运动场的每一个角落。乔·吉拉德认为，这种做法帮他做成了一笔笔生意，有人就有顾客。

（三）建立顾客档案：更多地了解顾客

乔·吉拉德说："不论你推销的是什么产品，最有效的办法就是让顾客相信——真心相信——你喜欢他，关心他。"如果顾客对你抱有好感，你成交的希望就增加了。

（四）猎犬计划：让顾客帮助你寻找顾客

乔·吉拉德的很多生意都是由"猎犬"（那些会让别人到他那里买东西的顾客）帮助的结果。乔·吉拉德的一句名言就是"买过我汽车的顾客都会帮我推销"。

（五）诚实：推销的最佳策略

诚实是推销的最佳策略，而且是唯一的策略。但绝对的诚实是愚蠢的，推销容许"谎言"，这就是推销中的"善意谎言"原则。

顾客问推销员他的旧车可以折合多少钱，有的推销员粗鲁地说："这种破车不值钱！"乔·吉拉德绝不会这样，他会善意赞美顾客，告诉顾客一辆车能开 12 万公里，他的驾驶技术的确高人一等。这些话使顾客开心，赢得了顾客的好感。

（六）推销产品的味道：让产品吸引顾客

每一种产品都有自己的味道。乔·吉拉德与顾客接触时总是想方设法让顾客坐进驾驶室，握住方向盘，自己触摸操作一番。如果顾客住在附近，乔·吉拉德还会建议他把车开回家，让他在自己的太太、孩子与领导面前炫耀一番，进而顾客会很快地被新车的"味道"所陶醉。

（七）真正的销售始于售后

乔·吉拉德有一句名言："我相信推销活动真正的开始在成交之后，而不是之前。"推销员在成交之后继续关心顾客，将会既赢得老顾客，又能吸引新顾客，使生意越做越大，顾客越来越多。

社会是由不同的个人组成，人在社会上，不管是日常生活还是上班，都会与别人产生一种互动关系。换句话说，人是靠彼此互助才得以生存，即使流落荒岛的鲁滨孙也要有一位"星期五"的伙伴。

1108 房间的刘先生来到酒店大堂结账，这时结账处接到楼层服务员报告："1108 房间少了两个高档衣架。"

收银员陈丽立即微笑地说："刘先生，您的房间少了两个衣架。"谁知客人好像早已有所准备，立刻否认带走了衣架。

收银员陈丽马上意识到出了问题，便立即通知了大堂副经理，大堂副经理在前厅处找到了刘先生。

"刘先生您好，麻烦您过来一下好吗？"客人随着大堂副经理来到了大厅的僻静处。"刘先生，您没拿衣架，那么有没有可能是您的亲朋好友来拜访您时顺便带走了？"大堂副经理婉转地向客人表述酒店要索回高档衣架的态度。

刘先生说："没有，我住店期间根本没有亲友来过。"

"请您再回忆一下，您会不会把衣架顺手放到别的地方了？"大堂副经理顺势提醒刘先生。"以前我们也曾发现过一些客人住过的房间中衣架、浴巾、浴袍之类的不见了，但他们后来回忆起来或是放在床上，或被被子、毯子遮住，或裹在衣服里带走了，您能否上去再看看，会不会也发生类似情况呢？"大堂副经理给了他一个明确的提示。

刘先生："一个破衣架，你们真麻烦，咳，还是我上去找一下吧。"

不一会儿，刘先生下来了，故作生气状地说："你们的服务员也太不仔细了，衣架明明就掉在沙发后面嘛！"大堂副经理知道客人已经把衣架拿出来了，于是不露声色地说："实在对不起，刘先生，麻烦您了。"

大堂副经理还很真诚地对客人说："刘先生，希望您下次来还住我们酒店！我们随时欢迎您的再次光临，谢谢！"

该酒店的副经理知道刘先生拿走了高档衣架，却没有当众拆穿他，而是引导刘先生自己主动拿出衣架，既保存顾客的颜面也避免了冲突，同时也使酒店避免丢失客户。

七、木桶定律：别让短板葬送自己

木桶效应又称水桶原理或短板理论，是指一只木桶能盛多少水，并不取决于最长的那块木板，而是取决于最短的那块木板，也可称为短板效应，如图 6-4 所示。

图 6-4 木桶定律

“水桶理论”还有两个推论：只有桶壁上的所有木板都足够高，那水桶才能盛满水；只要这个水桶里有一块木板不够高度，水桶里的水就不可能盛满水。

对一个企业而言，最短的那块“板”其实也就是漏洞的同义词，要想完全克服最薄弱的环节是不可能的，一根链条总有最弱的环节，强弱本来就是相对而言。

在一个团队里，决定这个团队战斗力强弱的不是那个能力最强、表现最好的人，而恰恰是那个能力最弱、表现最差的落后者，因为“最短的木板”对“最长的木板”起着限制和制约作用，决定了这个团队的战斗力，影响了这个团队的综合实力。

团队要想成为一个结实耐用的木桶，首先要想方设法增高短板子的长度（均衡），只有让所有的板子都维持“足够高”的高度，才能充分体现团队精神，完全发挥团队作用。在这个充满竞争的时代，只要团队里有一个员工的能力低弱，就足以影响整个团队达成预期的目标。

企业的板就是各种资源，为了做到木桶“容量”的最大化，就要合理配置企业内部各种资源，及时补上最短的那块“木板”。

一旦那块“木板”成为阻碍工作的瓶颈，就必须立即想办法补上。劣势决定优势，劣势决定生死，这是市场竞争的残酷法则。

秦池古酒本是山东省潍坊市临朐县的一个小酒厂，产品从来没有跑出过潍坊地区，悟性极好的姬长孔带着50万元现金支票移师沈阳。在沈阳，姬长孔完成了一次漂亮的销售“战役”，买断当地电视台的段位，密集投放广告，甚至租用一艘大飞艇在沈阳闹市区的上空游弋，撒下数万张广告传单。一年的时间，价位较低的秦池酒在东北市场上蔓延开，销售额节节上升。

1994年11月8日，山东秦池酒厂以6 666万元拿下了中央电视台广告的黄金段位，1996年以3.212118亿元再次标的中央电视台广告的黄金段位，一时间，冲动的情愫如酵母般在梅地亚会议中心传染。

暴风雨往往突然而来，1997年，一则“秦池白酒是用川酒勾兑”的新闻报道把秦池推进了无法自辩的大泥潭。秦池每年的原酒生产能力只有3 000吨左右，他们从四川收购了大量的散酒，再加上本厂的原酒、酒精，勾兑成低度酒，然后以“秦池古酒”、“秦池特曲”等品牌销往全国市场。

秦池古酒突然崛起，又突然消逝，像一颗划过天际的流星。秦池古酒因“长板”而崛起，却因“短板”而倒塌。

秦池古酒的崛起靠的是广告轰炸的“长板”。白酒本来就是一种同质竞争很高、市场需求又大的产品。受广告的影响，消费者开始关注，造成销量猛增，业绩大幅度增长，却因基础薄弱、根基不深的“短板”信誉扫地。

木桶有大小之分，木桶原理也有整体与局部之分，我们所要做的事情就是找到自己的桶，然后找到那块最短的板，加高它！

员工培训实质上就是通过培训来增大这一个个“木桶”的容量，增强企业的总体实力。要想提升企业的整体绩效，除了对所有员工进行培训外，更要注重对“短木板”的开发。加强对每一个员工的教育与培训，是一个企业成为一个结实耐用的木桶所不容忽视的环节。

注意对“短木板”的激励，可以使“短木板”慢慢变长，从而提高企业的总体实力。人力资源管理不能局限于个体的能力和水平，更应把所有的人融合在团队里，科学配置，好钢才能够用在刀刃上。

在加强木桶盛水能力的过程中，不能够把“高木板”和“低木板”简单地对立起来。每一个人都有自己的“高木板”，与其不分青红皂白地赶他出局，不如发挥他的长处，把他放在适合的位置上。

任何一个组织或许都有一个共同的特点，即构成组织的各个部分往往参差不齐，但劣势部分决定着整个组织的水平。问题是“最短的部分”是组织中一个有用的部分，决不能把它当成烂苹果扔掉，否则这个木桶会一点水也装不了！

对个人来说也是如此，制约个人发展的往往就是那么一两个方面，如个人的职业习惯、生活习惯。细节决定成败，习惯决定命运，每个人身上都有“短板”。为了能够获得更高层次的发展，就必须克服不良习惯，弥补自己的薄弱环节，掌握完整的知识结构，培养各方面的能力。只有这样，才会使自己在以后的道路上走得更远。

每个人的发展，就是不断地发展与挖掘短板，对短板进行管理，不断延长每一块木板的过程。我们要善于发现、正视短板，对各个短板优化利用，那样才能提高效率，做到游刃有余。

卡耐基曾说：人有弱点并不可怕，关键要有正确的认识，善于发现并认真对待，尽量寻找弥补、克服的方法，使自我趋于完善。

第七章

向左 or 向右，经营头脑风暴——商业思维

商业思维很缥缈，每个决策的无意选择考验的就是每个人的商业思维和商业智慧。在现实生活中，你是否会有分心，注意力不集中，不能保持高效工作状态的情况？你是否觉得你的大脑不堪重负？商业思维让你的脑洞大开，大脑 CPU 从“286”升级为“多核处理器”，让大脑转得更快，让财富赚得更多！

一、心态管理：心有多大舞台就有多大

心态（psychology），即心理状态。心理过程具有不断变化、暂时性的特征，个性心理特征则比较稳固，而心理状态则介于二者之间，既有暂时性，又有稳固性，是心理过程与个性心理特征统一的表现。

心态管理（Mentality Management）就是让自己的积极心态成为自己的主导，让自己的消极心态通过一个不损害他人的方式抛除，或者通过"修身律己"而变小。

人的心理活动的各种现象都是以心理状态的方式存在，或者说人的各种具体的现实的心理过程与个性心理特征以至高级神经活动等，总是在一定的、具体现实的心理状态中被包含着和被表现出来。因此，了解自己或别人的心理活动时，直接观察到的便是在一定情境时存在的心理状态，作为了解自己或他人心理活动的指标，心理状态具有明显的直接现实性。

梦想有多大舞台就有多大，一个人只有对自己有所期望才能有动力朝着自己希望的方向走下去，才能一步步成为理想中的自己。一个人的命运应该掌握在他自己手中，成功的关键取决于面对失败的态度。生活在当代，必须要有成熟的心态、强大的自信。事物的本身并不会影响到人，人们只受对事物看法的影响。经营企业与经营人生一样，一个企业在发展过程中必然会遇到各种各样的问题，甚至是瓶颈，企业需要发挥积极正面思考的力量与智慧，正确面对企业所进行的变革，以 100%负责的态度投身到企业的建设中去。

人的心态决定人的命运，企业管理者的心态也决定着企业的命运，企业经营者要保持积极的心态。事物本身是客观存在的，总是一个矛盾的混合体，心态不同，立足点不同，结果也将会不一样。

任何事情都是一个复杂的混合体，有利因素和不利因素相对应而存在。企业经营者对不同的事情都要有积极的心态。实践证明，多看有利因素的经营者成功率更高，他们善于抓住有利因素，用有利因素克服不利因素。清末大商人胡雪岩就非常善于化危为机，化失为得，化敌为友，以积极的心态对待困难，成为富可敌国的大商人。

经营者还需有面对机会的积极心态。任何机会都伴随着风险，机会越大，风险也越大。企业经营者在决策时，主要着眼于机会还是着眼于风险，对决策的取舍十分关键。

白酒市场低迷，高端白酒业绩受挫，各类酒厂开始转战中低端白酒市场，纷纷推出低价格、低利润的产品，使本就琳琅满目的中低端白酒市场更趋充盈。这些承载着悠久历史文化的“名酒”，“围剿”着地区白酒的生存空间，使白酒行业竞争加剧。

在这种背景下，金凤凰酒厂积极应对低迷的白酒市场，将城镇化建设视作市场的助推器，以自身优异的品质和地缘优势，在众多白酒品牌中逆势而上，销量猛涨，更因势利导地借助大众驱动力，迎来了企业发展的春天。

在优秀品质的表现上，“五谷浆”系列白酒一词制胜。提及“五谷浆”，切实的产品概念让消费者直观地感受到“高粱香、玉米甜、大米净、小麦糙、糯米绵”的特性融汇在琼浆玉液之中的场景……

金凤凰酒厂精心打造的五年酿、六年酿、八年酿三个品类的“五谷浆”，充分参考了本地高中低市场的需求，制定了适宜的价格，配合清晰的产品结构、准确的发展主线，在“五谷浆”系列白酒重新面世后，备受本地消费者的赞誉。

金凤凰推出灵活的酒类促销活动，在各酒家、食府、特色名吃店不断上演。大大的宣传页告诉前来就餐的消费者，金凤凰酒厂又推出了新的促销活动……优秀的品质，与渠道紧密的配合，金凤凰酒厂已经为区域中小白酒企业的发展做出了卓有成效的尝试。

事物永远是阴阳同存，积极的心态看到的永远是事物良好的一面，而消极的心态只看到不好的一面。积极的心态能把坏的事情变好，消极的心态能把好的事情变坏。成功与困难成正比关系，只有积极的心态才能不断克服困难，最终取得辉煌的成功。

积极的心态像太阳，照到哪里哪里亮；消极的心态像月亮，初一、十五不一样。不是没有阳光，是因为你总低着头；不是没有绿洲，是因为你心中一片沙漠。台湾首富郭台铭说：“格局决定布局，布局决定结局。”

二、创意 VS 生意：让创意变成生意

创意（originality）是创造意识或创新意识的简称，亦作“剏意”。它是指对现

实存在事物的理解以及认知，所衍生出的一种新的抽象思维和行为潜能。创意是传统的叛逆；是打破常规的哲学；是破旧立新的创造与毁灭的循环；是思维碰撞，智慧对接；是具有新颖性和创造性的想法，不同于寻常的解决方法。

创意就像是漫画主角头上的灯泡，当灯泡散发光芒，创意就已经形成，然而，并不是每个创意都能变现为财富。因为对于大多数人来说，获得不错的灵感并不是创业中最难的事情，最让我们感到棘手的是获得灵感以后做什么。

创意与生意之间需要一座连接此岸与彼岸的桥梁。一个好的创意变为生意之后，能决定企业 40%的利润。创业者都是行动派，将创意转化为生意，第一步就是行动。梦想照进现实，好的创意上配合行动力，是创业者们具备的首要品质。

任牧、陈文、黄炽威是中国人民大学社会与人口学院 2004 级毕业生。三位小伙伴儿都是留在北京的外地人，在北京做着年薪十几万元的白领工作。去年三人因为同一个痛点看到了商机，辞掉工作，走上了创业之路。

北京一家“卖菜”的小公司“青年菜君”是由三个 80 后一手创办的电子商务公司，为解决上班族的晚餐需求专门销售半成品菜。上班族提前一天在网上下单，第二天下班后到地铁口自提点取菜，到家后简单炒炒，半个小时就能吃上可口菜肴。创始人之一的任牧说：“做半成品菜的团队有很多，但我们是走得最快的，我们不想做一个小作坊，而是想做一个正规的企业。”

爸妈不在身边的外地打工者，每天最头疼的就是一日三餐。尤其到了晚上，一个人吃上健康、可口的饭菜是一件大难事。任牧说，他们三个都有很深刻的体会，就是晚上下班后不知道吃什么，一般在地铁口看到“成都小吃”、“驴肉火烧”、“云南米线”店铺时就直接进去了。正在低头吃路边摊时，爸妈打来电话叮嘱别在外面乱吃东西，晚饭吃得好点。可挂了电话，还得继续吃那些不卫生的东西。

为什么白领吃晚饭成了问题？为什么不愿意做饭？外地人白领心中都有个数。生活在北京，一些人可能没有做晚饭的条件，而另一些人是因为做晚餐的时间成本太高。

如果一个白领正常 5 点 30 分下班，一个小时回到家比较正常。但此时菜市场通常已经关门，一般去超市排队买菜，回家再洗菜、切菜、做饭，对于单身的外地人来说更显麻烦，做一个人的饭也需一个小时，之后还要刷碗。工作了一天，身心疲惫的人们只能选择路边摊、大排档。

成立一家半成品菜公司，可帮助白领省下买菜、洗菜、做饭的时间，还能让他们吃上干净、营养的饭菜。有了这个想法，他们立即开始经营。他们的小公司刚刚开业不到半年，就获得了千万元的天使投资。

如何让创意点子成为好生意？资源、顾客、营运、财务，面面都要兼顾，如图 7-1 所示。

图 7-1　让创意成为生意的关键

（一）盘点现有资源

由内而外清点所拥有的各项资源，包括能力、资金、人际关系、技术等；逐一检视各个具有发展潜力的市场机会点，推论满足市场机会所必须拥有的各项能力；同时需考虑市场机会以及现有资源两方面的条件，来筛选脑海中所浮现的创意，找到合适的生意。

（二）建立营运模式

企业运营模式是指对企业经营过程的计划、组织、实施和控制，是与产品生产和服务创造密切相关的各项管理工作的各项计划。建立营运模式重点解决企业与环境的互动关系，包括与产业价值链环节的互动关系。

（三）抓住顾客需求

了解客户的需求，获取客户的信息，深入挖掘潜在需求，把客户的需求引导到自己的产品优势上来，进而扩大销售。

（四）做好财务规划

企业财务就如同人的血液，良好的财务规划是维持公司正常运作的先决条件。

创业前必须做好财务管理的妥善规划，尽量降低发生财务危机的概率，确保公司可以正常运营，并产生利润。

三、执行力：好的想法需要好的执行力

执行力是指有效利用资源，保质保量达成目标的能力，指的是贯彻战略意图，完成预定目标的操作能力，是把企业战略、规划转化成为效益、成果的关键。

执行力是一门学问，是战略的重要组成部分，它贯穿于组织经营管理的始终。选择行业、制订计划、确定目标、规划战略、实施战略等都需要执行力，离开执行力，组织将寸步难行。

每个组织并不缺乏伟大的战略，真正需要的是把战略落实到位的执行力。构想再伟大，也要有人将它实践出来，这一切靠的就是执行力。执行力既反映组织（包括政府、企业、事业单位、协会等）的整体素质，也反映管理者的角色定位。管理者的角色不仅仅是制定策略与下达命令，更重要的是必须具备执行力。执行力的关键在于透过制度、体系、企业文化等规范引导员工的行为。管理者如何培养部属的执行力，是企业总体执行力提升的关键。

企业的生命力往往取决于企业的执行力，任何一个企业并不是没有好的经营理念、经营模式，而是缺乏执行力。企业要有旺盛的生命力，就要目标统一，要有内在的高执行力。现今社会，每个人都是有想法的人，人们都不缺乏想象力，缺乏的是执行力。

“执行”正是中国制造业管理中最为缺失的一环，当中国企业抱怨“执行难”时，其实是在抱怨员工不专业、不职业。因此，当今中国企业界不缺乏“想象力”，更为缺乏的是“执行力”。

执行力就是在既定的战略和愿景的前提下，组织对内外部可利用的资源进行综合协调，制定出可行性的战略，并通过有效地执行措施从而最终实现组织目标、达成组织愿景的一种力量。

一个好的想法不是最重要的，因为聪明人很多，你想好了一个万无一失的想法，也许还会有人想出比你更好的想法，真正对比的应该是执行和实践。想法是没有价值的，如何执行才是最实质也是最具有挑战的事情。没有执行，再好的想法也只能是空想。

苹果创造了 iPhone，但是最初的想法也只是“做一个非常炫的触摸屏手机”，《史蒂夫·乔布斯传》作者 Walter Isaacson 表示：“苹果可以比谷歌更好地让创意变成成功的产品。创新很重要，但不是一切。执行力才是最关键的，苹果仍然是执行力最好的公司。”

乔布斯曾经对库克说过，遇到问题时一定不能问“乔布斯会怎么做？”。乔布斯希望库克能放手做正确的事。要让梦想继续，苹果必须将注意力集中在一件事情上：执行力。这恰巧也是库克的专长。

执行才是王道。对团队而言，执行力就是战斗力。没有执行力的团队，再好的想法也塑造不了成功。个人和集体的成功都离不开出色的执行力。当既定目标和战略方向已经确定或基本确定，这时候执行力就变得尤为关键。

四、管理方式：人情管理≠人性管理

人情化管理是在严格遵守企业法规的基础上，以个人情感和“关系”为导向的管理模式，其特点是以“情面”为主线，加重了对企业内外部人员这一因素的重视。但是，没人管理，没工作压力，没工作目标时，员工就会轻易产生惰性。

人情化管理没有制度作为管理依据，仅凭管理者个人好恶，主观性强，没有科学依据，然而员工是有惰性的，需要严格的、科学的、有原则的公司制度去约束。企业需要规则，人情化无法代替规则，这就需要人性化管理。

人性化管理，就是一种在整个企业管理过程中充分注意人性要素，以充分开发人的潜能为己任的管理模式。其具体内容可以包含很多要素，如对个人的尊重，充分的物质激励和精神激励，给个人提供各种成长与发展机会，注重企业与个人的双赢战略，制订员工的生涯规划等。人性化管理的实质是将人性学理论应用于管理，按照人性基本属性进行管理的管理哲学。

“人性化”是完善管理制度前提下的“人性化”，强调以人为本，建立在“社会人”的假设基础之上。人性化管理强调的在管理中体现“人文关怀味”，让管理充满父母的关怀、妻子的体贴，而不再是“冷冰冰”的规则条文。

人性化管理就是要重视企业内外最重要的资源——人，“人性化”与“制度”是相辅相成的关系，推行“人性化”管理的首要任务就是在企业中逐步建立起一套科学且行之有效的管理制度。管理制度是实施人性管理的平台。

中景物流是一家从事物流、货运的公司。在管理方面，中景物流一直提倡人性化管理：要求个人高度自觉，在宽松的环境里积极工作。因此，无论是领导还是员工，犯了错误，都不开罚单。

公司为了实现物流管理的信息化和网络化，购置了大批电脑设备，这本是一件好事情，可是员工在上班时间浏览与工作无关网页、玩游戏的现象屡禁不止。财务工资表没有做好，便会有人问：什么时候发工资？开会、写总结、执行事务时总是慢慢腾腾，不按时到场，工作也不能按时完成。最严重的是，公司的一些通知、文件下发后，就不再有下文，事后追问，有些人一脸茫然。公司的这些现象让人力资源部吴经理对人情化管理产生了怀疑。

有一次，一位客户来公司洽谈业务，走的时候对吴经理说："你们公司气氛很活跃啊，上班时间还有人打闹，一些私人的事情还要带到单位来做啊？"不用想，合作肯定是泡汤了。

人情从来不是错，人情泛滥才是错。人情化管理有其合理性，可是人情须是规则的填充。再好的制度也存在漏洞，人情应在这些方面发挥作用，弥补制度的不足。没有人情的规则是暴力，没有规则的人情是混乱。规则与人情的统一，应体现在制订规则时充分考虑到人情因素，使规则更人性化，更符合社会文化环境，更有人情味，而不是在执行的过程中被人情所羁绊。

五、借鉴≠抄袭：借鉴的最终目的是创新

借鉴，是指把别的人或事当镜子，对照自己，以便吸取经验或教训，比喻用别人可供自己对照学习的经验或吸取的教训来取长补短。

抄袭，指窃取他人的作品当作自己的创作，包括完全照抄他人作品和在一定程度上改变其形式或内容的行为。这是一种严重侵犯他人著作权的行为，同时也是在著作权审判实践中较难认定的行为。

借鉴不应是抄袭，借鉴在一定程度上是创新。Facebook 在美国刚刚兴起的时候，王兴模仿其在国内做了校内网；Twitter 开始火爆时，王兴又借鉴了这个创意创办饭否网；Groupon 崛起时，王兴在国内完全复制了这个模式并创办美团网。他是国内最具创新精神的人，始终活跃在一线。

《且介亭杂文》中有一篇著名的杂文——《拿来主义》，鲁迅在文中批判了国

民党反动派的卖国主义政策和一些人对待文化遗产的错误态度，阐明了应该批判地继承和借鉴文化遗产及外来文化。

“拿来”不是全盘接受，不是照抄照搬，无论是对文学作品还是我国的商品品牌来说，都应该是在尊重的基础上创新，是借鉴而不是抄袭，正如这些年我们提倡的是中国创造，而不是中国制造。

六、价格 VS 质量：降低价格≠降低质量

价格是商品同货币交换比例的指数，或者说，价格是价值的货币表现。价格是商品的交换价值在流通过程中所取得的转化形式。在经济学及经营商业的过程中，价格是一项以货币为表现形式，为商品、服务及资产所订立的价值数字。在微观经济学之中，资源在需求者和供应者之间重新分配的过程中，价格是重要的变数之一。

美国著名的质量管理专家朱兰（J.M.Juran）博士从顾客的角度出发，提出了产品质量就是产品的适用性，即产品在使用时能成功地满足用户需要的程度。用户对产品的基本要求就是适用，适用性恰如其分地表达了质量的内涵。

这一含义包括两个方面，即使用要求和满足程度。用户对产品的使用要求和满足程度，反映在对产品的性能、经济特性、服务特性、环境特性和心理特性等方面。因此，质量是一个综合的概念，它并不要求技术特性越高越好，而是追求诸如性能、成本、数量、交货期、服务等因素的最佳组合，即所谓的最适当。

质量是产品的主要衡量标准，质量的好坏直接影响到企业的产品在市场上的竞争力。但并不是产品质量好，顾客就会选择你的产品，这还涉及质量定位的概念。在开发、生产一个产品时，产品的质量控制在一个什么样的档次上，与产品定位有关，称作质量定位。

一般情况下，产品质量愈高，价值就愈高，所以质高的产品并不一定在市场上受欢迎。有许多消费者，他们希望购买质量稍微瑕疵，但价格便宜的产品。比如日本电器质量高，但许多国人还是买中国电器，虽然国产电器质量低于日本电器，可它的价格也相对较低。

现在外出旅游的人越来越多，但一些旅游公司由于规模太小，有意无意中会损害游客的利益，甚至造成游客无法成行。

上午 8 点 30 分，本该是浙江瑞安洞盘岛一日游的出发时间，但旅游公司的轮船和导游迟迟没有出现在码头上，50 名散客焦急地等待着。直到上午 9 点，轮船仍然没有音讯，更没人出来解释。

就在大家顶着酷暑、万分焦急之时，一位导游模样的人才匆匆而来："轮船故障，大家退票!"霎时间游客被激怒。许多游客都是经过很长时间甚至一个多星期才召集起来的"假日游"，难道就这样不明不白地泡了汤?

原来旅游公司近来推出"特价一日游"，称每人 80 元即可游洞盘岛一天。公司还通过广播大肆宣传，招徕众多散客前来报名。由于价格低廉，又属散客组团，旅游公司没有与游客订立旅游合同，而作为交通工具的唯一一艘轮船也在高负荷地运载，一旦发生故障，只能牺牲散客利益，选择退团或另定旅游日期。

"特价"并不意味着就可以降低服务质量，更不能牺牲游客的利益。

作为消费者，对商品最关心的莫过于两个因素，一是质量；二是价格。无奈现状总是："好货不便宜，便宜没好货。"要保证好的质量，成本就要增加，而要想降低价格，就要牺牲质量。高质量和低价格好像是天生的一对冤家，有你没我，有我没你。

而质量和价格之间，理性的顾客更关心质量。相信超市里 1 元钱一瓶的牛奶没人敢买，怕是过了保质期，喝了会生病。而年轻的父母不吝重金去买进口奶粉，就是为了保证质量。但也不能超出自己的经济实力去一味追求高质量，所以人们设计出了性价比这个指标，即质量分与价格的比值越大，性价比越高，购买越划算。商家要想提高性价比，增强商品竞争力，途径无非是在同等的价格下提高质量，或者在同等质量水平下降低价格。因此，有了一个对商品的形容词，"物美价廉"。

第八章

名企只做不说的营销秘密——营销策略

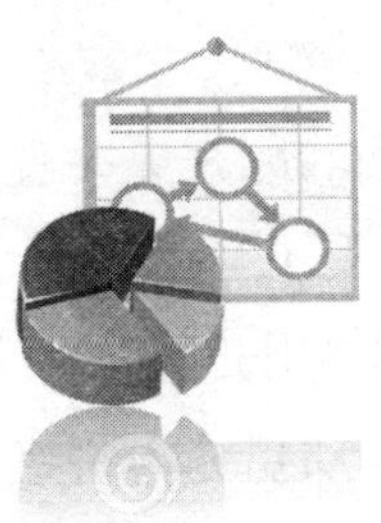

在如今纷繁变幻的商业世界里，墨守成规无异于自取灭亡。如果你还在使用老一套营销技巧的道路上缓步前行，那么你很快就会被竞争对手甩在后面。因此，这个时候需要做的是进入快车道。

营销是终极杠杆，伟大的成功只会降临在那些令人敬畏的市场商人身上。

一、无差异化营销：可口可乐，品质口感始终如一

无差异化营销（Undifferentiated Marketing），全称为无差异性市场营销，主要是指面对细分化的市场，企业看重各子市场之间在需求方面的共性而不注重它们的个性，不把一个或若干个子市场作为目标市场，而是把各子市场重新集合成一个整体市场，并把它作为自己的主要目标市场。

企业向整体市场提供标准化的产品，采取单一的营销组合，并通过强有力的促销吸引尽可能多的购买者。这是一种求同存异的营销策略，旨在通过大规模的生产与经营，产生规模经济效益，降低生产与营销成本。

这种营销策略的优点在于它的低成本，单一产品线可以产生相对的规模经营效益，存储和运输也都相对方便快捷，广告宣传、物流配送等资源配置都集中在一种产品上，有利于强化品牌形象。美国的可口可乐诞生一百多年来，不论是在北美地区还是全球，都奉行无差异化营销策略，保证口感始终如一，使之成为一个全球的超级品牌。

可口可乐贯彻并坚持“在全世界各地品质始终如一”的产品质量理念和“集中生产主剂，分散灌装饮料”的经营模式。125 年来，其“神秘配方”始终未变，可口可乐从诞生之日就严守配方的秘密。

因为其神秘配方，世界上各地调配的可口可乐都在口味上永远保持一致，美国总统喝的可口可乐与普通百姓喝的可口可乐，其品质和口感完全一样，给消费者忠诚、忠心的感觉。从质量角度考虑，可口可乐一直没有将其秘方公布于世，而通过向本地经销商提供“浓缩配方”来保证产品的不变口味。

实行无差异营销的直销商一般针对整体市场，可能会引起激烈的竞争，当同行中有许多人如法炮制之后，可能发生大市场内竞争过度，而小市场却无人问津的局面，同时忽视了不同国家、不同顾客之间的差异，因此丧失了许多市场机会。

二、差异性市场营销：农夫山泉，我们只是大自然的搬运工

差异性市场营销是指企业把产品的整体市场划分为若干个细分市场，针对各

个细分客户市场的需要而刻意设计适合他们的产品和服务，并在渠道、促销和定价等方面有相应的改变，以适应各个分市场的需要。

企业采用差异化营销策略，可以使顾客的不同需求得到更好的满足，也使每个子市场的销售潜力得到最大限度的挖掘，从而有利于扩大企业的市场占有率，同时也大大降低了经营风险，一个子市场的失败不会导致整个企业陷入困境。差异化营销策略大大提高了企业的竞争能力，企业树立的几个品牌可以大大提高消费者对企业产品的信赖感和购买率。多样化的广告，多渠道的分销，多种市场调研费用、管理费用等，都是限制小企业进入的壁垒。因此，对于财力雄厚、技术强大、拥有高质量的产品的企业，差异化营销是良好的选择。

农夫山泉把产品质量的差异化作为战略的法宝，推出了业内被称为“重磅炸弹”的“天然水”，并将中国的水市场一分为二，设置了“天然水”与“纯净水”的健康之争，而在当时名不见经传的农夫山泉则俨然成为“天然水”的代表。“我们只是大自然的搬运工”，农夫山泉秉承这一理念，坚持这一产品差异化，并不断取得成功。

水源是农夫山泉一直宣扬的主题。天然水对水源的要求很苛刻，它不像纯净水可以用自来水做原水，经过净化后就能达到出售的标准，天然水的水源必须是符合一定标准的地表水、泉水、矿泉水，取水区域要求环境清幽、无任何工业污染。保证质量的同时，农夫山泉的商标也是差异性的体现。千岛湖的照片无形中彰显了水源的纯净，亮眼的红色更是立刻抓住了顾客的眼球。农夫山泉的瓶盖设计也摆脱了以往的旋转开启方式，改用“运动盖”直接拉起的开瓶法。价格上，农夫山泉一直定位于高质高价，在消费者心中树立了高档次、高品质、高品位的“健康水”形象。

到目前为止，差异化仍旧是市场营销和营销传播中最为有效的方法和途径，而问题的核心就是在于如何去运作。

差异化营销也有着自身的局限性，最大的缺点就是营销成本过高，生产一般为小批量，使单位产品的成本相对上升，不具经济性。另外，市场调研、销售分析、促销计划、渠道建立、广告宣传、物流配送等许多方面的成本都无疑会大幅度地增加。这也是很多企业做差异化营销，市场占有率扩大了，销量增加了，利润却降低了的原因所在。

三、市场细分：既生淘宝，何生天猫

市场细分的概念是美国市场学家温德尔·史密斯（Wendell R.Smith）于 1956 年提出来的。

按照消费者欲望与需求，把因规模过大导致企业难以服务的总体市场划分成若干具有共同特征的子市场，处于同一细分市场的消费群被称为目标消费群，相对于大众市场而言，这些目标子市场的消费群就是分众了。

大学生阿兰是个十足的购物喜好者，尤其喜欢整天浏览淘宝，用阿兰自己的话来说就是："一天不吃饭可以，不能一天没有淘宝"。

阿兰的家境不算富裕，她从不敢涉足淘宝上的高档产品，每次浏览淘宝时都会选择浏览价格在 200 元以下的商品，对于那些大品牌的旗舰店的产品，阿兰一般避而不见。

在购物的过程中，阿兰也注意到在淘宝上还存在一个叫作"天猫"的购物平台。通过比较，阿兰发现淘宝上的商品参差不齐，同一件商品可能会出现相差很大的高低价，质量相去甚远；而天猫集聚的是企业品牌，入驻天猫的电商需要做第三方检测，相对而言，质量更有保障。于是阿兰在购物时会根据自己选购的商品来选择不同的平台。杂货小商品类的阿兰会选择淘宝，经济又实惠；如果是衣服，阿兰会选择天猫，保证质量。

淘宝之外，为什么又要开设天猫平台呢？这正是阿里巴巴公司进行市场细分的结果。淘宝大杂货铺的销售方式导致了商品鱼龙混杂，大量假冒、劣质商品混进市场，伤害了许多消费者。

有部分消费者追求的是时尚、高档的消费体验，追求的是品牌消费，淘宝显然无法满足这部分人的消费需求。阿里巴巴公司开设天猫平台，力求把天猫打造成代表潮流产品和品牌的品质之城，成功地留住了这部分消费群体。市场细分原则对于阿里巴巴公司的发展起到了巨大的促进作用。

四、产品组合：宝洁公司产品的"加减法"

产品组合（Product Assortment），也称产品的各色品种集合，是指一个企业在一定时期内生产经营的各种不同产品的全部产品、产品项目的组合。

产品如同人一样，有其成长到衰退的过程，企业未来要想生存与发展不能仅仅经营单一的产品。世界上很多企业经营的产品往往种类繁多，但产品并不是越多越好。这就涉及产品组合问题，一个企业应生产和经营哪些产品才是有利的呢？这些产品之间应该有些什么配合关系？

在世界著名的跨国公司中，宝洁公司是实行差异化营销的典型，比如洗衣粉有中国妇孺皆知的强力去污的“碧浪”，价格较高；也有去污亦强但价格适中的“汰渍”。洗发水则有品位代表的“沙宣”；潮流一族的“海飞丝”；优雅的“潘婷”；新一代的“飘柔”。此外，它还有织物及家居护理、婴儿及家庭护理、健康护理、饮料等其他品牌产品。

产品组合包括四个因素：产品系列的宽度、长度、深度和关联性，如图 8-1 所示。这四个因素的不同构成了不同的产品组合。

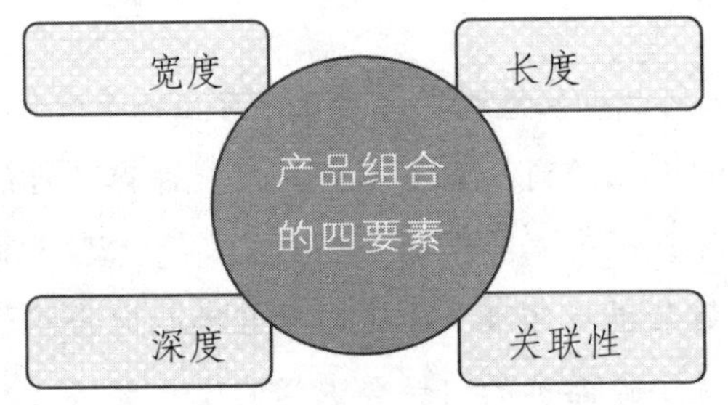

图 8-1　产品组合的四要素

产品组合的宽度，指企业具有的不同的产品线。产品线也称产品大类、产品系列，是指一组密切相关的产品项目。这里的密切相关可以是使用相同的生产技术，产品有类似的功能，同类的顾客群，或同属于一个价格幅度。宝洁公司有 6 个产品线：洗发护发、护肤美容、个人清洁、口腔护理、妇婴保健、家居护理、食品。

产品组合的宽度说明了企业的经营范围大小，跨行业经营，实行多角化经营程度。增加产品组合的宽度，可以充分发挥企业的特长，使企业的资源得到充分利用，提高经营效益。此外，多角化经营还可以降低风险。

产品组合的长度，指一个企业的产品项目总数。产品项目指列入企业产品线中具有不同规格、型号、式样或价格的最基本产品单位。通常，每一产品线中包括多个产品项目，企业各产品线的产品项目总数就是企业产品组合长度。

产品组合的深度，指产品线中每一产品有多少品种。例如，佳洁士牌牙膏有 3 种规格和 2 种配方（普通味和薄荷味），佳洁士牌牙膏的产品组合深度就是 6。

产品组合的长度和深度反映了企业满足各个不同细分子市场的程度。增加产品项目，增加产品的规格、型号、式样、花色，可以迎合不同细分市场消费者的不同需要和爱好，招徕、吸引更多顾客。

产品组合的关联性，指产品组合中，各产品线在最终用途、生产条件、分销渠道等方面的相关联程度。较高的产品的关联性能带来企业的规模效益和企业的范围效益，提高企业在某一地区、行业的声誉。

宝洁公司的产品关联性很强，除了食品行业的品客之外，其他产品几乎都是洗化护理行业的产品。企业的使命是生产和提供世界一流产品，美化消费者的生活。

五、促销策略：激发购买欲望的利器

促销策略是市场营销组合的基本策略之一。促销策略是指企业如何通过人员推销、广告、公共关系和营业推广等各种促销方式，向消费者或用户传递产品信息，引起他们的注意和兴趣，激发他们的购买欲望和购买行为，以达到扩大销售的目的。

企业将合适的产品，在适当地点、以适当的价格出售的信息传递到目标市场，一般是通过两种方式：一是人员推销，即推销员和顾客面对面地进行推销。另一种是非人员推销，即通过大众传播媒介在同一时间向大量消费者传递信息，主要包括广告、公共关系和营销推广等多种方式。

这两种推销方式各有利弊，起着相互补充的作用。一个好的促销策略常常能起到多方面作用，如提供信息情况，及时引导采购；激发购买欲望，扩大产品需求；突出产品特点，建立产品形象；维持市场份额，巩固市场地位等。

根据促销手段的出发点与作用的不同，可分为两种促销策略：推式策略和拉式策略。

（1）推式策略。即以直接方式，运用人员推销手段，把产品推向销售渠道，其作用过程为：企业的推销员把产品或劳务推荐给批发商，再由批发商推荐给零售商，最后由零售商推荐给最终消费者，如图 8-2 所示。

推式策略

- 企业经营规模小，或无足够资金用以执行完善的广告计划
- 市场较集中，分销渠道短，销售队伍大
- 产品具有很高的单位价值，如特殊品、选购品等
- 产品的使用、维修、保养方法需要进行示范

图 8-2 推式策略

（2）**拉式策略**。即采取间接方式，通过广告和公共宣传等措施吸引最终消费者，使消费者对企业的产品或劳务产生兴趣，从而引起需求，主动去购买商品。其作用路线为：企业将消费者引向零售商，将零售商引向批发商，将批发商引向生产企业，如图 8-3 所示。

拉式策略

- 市场广大，产品多属便利品
- 商品信息必须以最快速度告知广大消费者
- 对产品的初始需求已呈现出有利的趋势，市场需求日渐上升
- 产品具有独特性能，与其他产品的区别显而易见
- 能引起消费者某种特殊情感的产品
- 有充分资金用于广告

图 8-3 拉式策略

六、绿色营销：海尔的低碳精品

所谓绿色营销观念，就是指企业必须把消费者的需求、企业的利益和环保利益三者有机地结合起来，必须充分估计资源环保问题，从产品设计、生产、销售到使用的整个营销过程都要考虑到资源的节约利用和环保利益，做到安全、卫生、无公害的一种营销观念。

随着世界范围内的环境污染日益严重，自然资源的逐渐短缺以及人类对于身体健康的更加关注，绿色营销应运而生。

绿色营销的核心是倡导绿色消费意识，让消费者意识到使用绿色产品，采用绿色生活方式，不仅能提高自身的生活质量和健康水平，而且能够改善生态环境，为子孙后代留下可持续发展的财富。在培养消费者绿色消费意识的同时，培养成熟的绿色市场。

绿色营销的发展推动了企业绿色文化建设，使绿色文化成了企业文化的核心内容。在绿色文化的建设中，企业目标与环境目标相融合；企业营销理念与生态理念相融合。在企业内部，要培养员工的绿色理念，建立绿色管理制度，形成人人具有绿色理念，人人宣传绿色理念的绿色文化氛围。

绿色营销的核心是开发绿色产品。海尔公司在上海世博会期间全面推出 50 多款绿色低碳精品：卡萨帝复式大滚筒，真正实现了静音洗衣；变频空调不用氟利昂，攻占无氟变频空调能效之巅；采用“无级变频”技术的卡萨帝冰箱，日耗电仅为 0.78 度，是目前唯一达到新 1 级能效标准的多门冰箱，同时也是世界上最节能的多门冰箱；3D 电热水器可以按用水量多少加热，还有太阳能热水器……

海尔在绿色产品的整个生产过程中实行的是一种清洁生产，海尔生产的家电在生产技术、生产原料、制造过程方面都符合环境保护标准。海尔的空调多采用变频技术，产生的健康负离子可预防“空调病”，消除等离子，超静运转。海尔在进行产品设计和包装设计时，尽量降低产品包装或产品使用剩余物。2001 年，海尔在全国推出荆条安装的“无尘服务”，采用“无尘钻孔”方式安装空调。

面对绿色经济、低碳经济的时代浪潮下的创新需求，海尔又提出了“绿色设计、绿色制造、绿色营销、绿色回收”的新型战略经营模式。

海尔将绿色产品与绿色价格、绿色销售渠道、绿色促销相结合，实行绿色营销组合战略，如图 8-4 所示。

图 8-4　绿色营销

七、病毒式营销：零成本也能赢得好口碑

病毒式营销指发起人发出产品的最初信息到用户，再依靠用户自发的口碑宣传，是网络营销中的一种常见而又非常有效的信息传播方式。它描述的是一种信息传递战略，经济学上称之为口碑营销。这种传播是用户之间自发进行的，因此几乎是不需要费用的网络营销手段。

这种战略像病毒一样迅速蔓延，利用快速复制的方式将信息传向数以千计、数以百万计的受众，常用于网站推广、品牌推广等。这种“口碑传播”是通过提供有价值的产品或服务，“让大家告诉大家”，通过他人为其宣传，实现“营销杠杆”的作用，如图 8-5 所示。

病毒式营销的功能

- 人们在获得利益的同时，不知不觉地宣传了商家的在线生意信息，传播者往往是信息受益者
- 商家生意信息的传播，是通过第三者传染给他人而非商家自己，通常情况下，人们更愿意相信他人介绍，而不是商家本身

图 8-5　病毒式营销的功能

任何信息的传播都要为渠道的使用付费，之所以说病毒式营销是无成本的，主要是指它利用了目标消费者的参与热情，但渠道使用的推广成本依然是存在的。只不过目标消费者受商家的信息刺激，自愿参与到后续的传播过程中，原本应由商家承担的广告成本转嫁到了目标消费者身上。因此，对于商家而言，病毒式营销是无成本的。

我们经常看到的免费邮箱、免费空间、免费域名 ICQ、网上即时交流软件等都采取了病毒式营销方式。盗版微软视窗也是如此，比尔·盖茨予以无视，让其操作系统病毒式地占领了中国操作系统的市场，占领市场份额比当前的获利要重要得多。

大众媒体发布广告的营销方式是“一点对多点”的辐射状传播，这种传播方式无法确定广告信息是否真正到达了目标受众，而病毒式营销是自发的扩张性信息推广，它并非均衡地、同时地、无分别地传给社会上每一个人，而是通过类似于人际传播和群体传播的渠道，产品和品牌信息被消费者传递给那些与他们有着某种联系的个体。例如，目标受众读到一则有趣的软文，他的第一反应也许就是将这则软文转发给好友或同事。无数个参与的“转发的大军”就构成了成几何倍数传播的主力。

2014 年 12 月 3 号百度钱包推出 1 分钱专享活动，此次活动只需要开通百度钱包，加上 1 分钱就可以轻松获得活动中任一款优惠，如图 8-6 所示。1 分钱优惠包括：100 兆手机流量，移动、联通、电信全国通用，在 48 小时内充值完成，或是耐摔的 iPhone 手机壳，或是小米原装米键，或是折叠式带阀防颗粒物口罩，或是毛茸茸的触屏手套，可爱大象手机支架萌到哭。除此之外，还可以参与 0 元抽奖，包括卡西欧自拍神器和 iPhone 6 等多种诱惑。

图 8-6　百度钱包 1 分钱专享活动

百度钱包的此次活动是为了扩大百度钱包的使用率，利用互联网进行病毒式营销。互联网的新思维就是免费，百度为了吸引客户使用百度钱包而花费，只要通过单击小金库链接，注册的新用户就能得到 10 元的返现。百度的这个营销行为，暂时的付出大于回报，但是不久的将来它的回报将会以几何倍数增长。

通过了解互联网的人帮助其推广百度钱包，圈住了众多客户。这一天的注册量一定极其恐怖。更大的作用在于，仅仅用一两天的时间就让百度钱包的知名度“家喻户晓”，虽然褒贬不一，但这是营销的精髓所在。

八、整合营销：进击的DHC品牌

整合营销是以消费者为核心重组企业行为和市场行为，综合协调地使用各种形式的传播方式，以统一的目标和统一的传播形象，传递一致的产品信息，实现与消费者的双向沟通，迅速树立产品品牌在消费者心目中的地位，建立产品品牌与消费者长期密切的关系，更有效地达到广告传播和产品行销的目的。整合就是把各个独立的营销综合成一个整体，共同产生协同效应，为企业创造最大利润。

这些独立的营销工作包括广告、直接营销、销售促进、人员推销、包装、事件、赞助和客户服务等，战略性地审视整合营销体系、行业、产品及客户，从而制定出符合企业实际情况的整合营销策略，包括旅游策划营销、事件营销等相关门类。

“整合营销”最重要的主题是关于目标市场是否更有针对性的争论。营销不是针对普通消费的大多数人，而是针对定制消费的较少部分的人群。“量体裁衣”的做法使得满足消费者需求的目标最大化。

DHC是日本的一个化妆品品牌，它进入中国市场的时间相比其他欧美品牌要晚很多。对于化妆品而言，想在一个新市场当中占有一席之地，即使有大量的营销投入也未必完全可以实现目标DHC在营销中就采取了体验营销和整合营销策略。

网络病毒式营销。互联网是消费者学习的最重要的渠道，在新品牌和新产品方面，互联网的重要性第一次排在电视广告之前。

DHC采用广告联盟的方式，将广告遍布大大小小的网站。因为采用了大面积的网络营销，其综合营销成本也相对降低，并且营销效果和规模要远胜于传统媒体。

体验营销。良好的品牌体验比正面的品牌形象有更强的说服力。DHC 采用试用体验的策略，用户只需要填写真实信息和邮寄地址，就可以拿到 4 件套的试用装。当消费者试用过 DHC 产品后，就会对此有所评价，并且与其他潜在消费者交流。

口碑营销。消费者对潜在消费者的推荐或建议往往能够促成潜在消费者的购买决策。铺天盖地的广告攻势，媒体逐渐有失公正的公关，已经让消费者对传统媒体广告信任度下降，口碑传播往往成为化妆品消费最有力的营销策略。

会员制体系。类似贝塔斯曼书友会的模式，只需通过电话或上网索取 DHC 免费试用装，订购 DHC 商品的同时自动就成为 DHC 会员，无须缴纳任何入会费与年会费。DHC 会员还可获赠 DM 杂志，成为 DHC 与会员之间传递信息、双向沟通的纽带。采用会员制大大提高了 DHC 消费者的归属感，拉近了 DHC 与消费者之间的距离。

多渠道营销。网络营销只是 DHC 营销体系的一部分，传统媒体当然也有 DHC 的广告，包括重金聘请代言人等行为，都是在提升品牌的形象。多渠道的营销推广加深了消费者对 DHC 的品牌印记，当接触到试用的机会后，促成购买的可能性也大大增加。

DHC 品牌成功地打开了中国市场，赢得了消费者的认可。2005 年 1 月，日本通信销售化妆品第一品牌 DHC 正式进军中国市场；2006 年，DHC 中国市场 18 个月销售额达到 1 亿元，令行业震惊。

九、悲情营销：加多宝的“对不起”

悲情营销是出奇制胜的示弱式营销。即只问立场、不谈真相的态度，与社会矛盾冲突的剧烈程度成正比，营销者首先找准一个口碑极差抑或是代表极端强势一方的对象，然后将自己放在对立面，即可在第一时间赢得不分青红皂白的情绪声援。

广州中院一纸裁定引发加多宝官方微博“泪奔”。2013 年 2 月 6 日，加多宝凉茶官方微博连续发布多条“对不起”悲情微博，通过“自嘲”广告的形式，表达了对广州人民中级法院“诉中禁令”的无奈。随后，一组哭泣的孩童为主画面的“对不起体”走红网络，如图 8-7 所示。

“对不起，是我们太笨，用了 17 年的时间才把中国的凉茶做成唯一可以比肩可口可乐的品牌”，“对不起，是我们无能，卖凉茶可以，打官司不行”等一系列文案在网络上广为流传，为加多宝赢得“输掉官司，赢了市场”的美誉。

“对不起”体一经推出，便引发各路媒体、著名人士及众多网友的广泛关注，迅速成为微博热点。新浪微博数据显示，自发布后短短数小时，“对不起”一词在微博的热议总量已超过 10 万条，“对不起”系列微博的转发量已超过 17 万条，覆盖粉丝数逾 3 亿。有网友戏称，随着“对不起”的蔓延之势，2013 年首个网络流行体正式出炉，此举亦被业内人士评为“悲情营销”的开年大戏。

在打官司这件事上，广药王老吉无疑赢得漂亮。广药善用法律武器维护自己的权益本无可厚非，然而，广药赢了官司却输了人心。在商言商，这肯定是广药不想要的结果。

结果很明显，加多宝的这条微博在发出短短六七个小时内，“对不起”系列微博的转发量逾 17 万条，覆盖粉丝数逾 3 亿，包括著名企业家、经济学者、媒体名人也都转发了该条评论。一场非对称的微博营销战使加多宝赢得了众多消费者的支持。广药王老吉在这次事件中则像是哑巴吃黄连——有口难言。

加多宝的这组海报想要传递的信息和意图非常明显，那就是示弱再示弱，从加多宝对抗广药的策略来看，其“悲情营销”的具体表现就是在宣传中通过不断强化对比自己与广药的地位差别（民企与国企）来博得民众对民企的同情，对国企的痛恨。这一策略在这个国度真可谓稳、准、狠。

“加多宝”在与“广药”这个巨型国企的争斗中收获一肚子的苦水和委屈，却仍然向消费者表示歉意，没能“保护”好这个凉茶品牌，将受众心理抓得非常准。“加多宝”频频通过广告或赞助以普通快消品的姿态出现在消费者眼前，而“广药”则背负了“国企”这样一宗极具中国特色的原罪，前者扮演的角色一旦表现出遭到后者“欺凌”的势态，很容易受到第一波围观者的同情，再借助自媒体的传播机制向外感染。

传统的营销形式过于呆板、单调，单纯地通过视觉冲击去硬性“填鸭”给消费者，久而久之，容易造成消费者的“审美疲劳”；加多宝的“悲情营销”，接地气又有创意的互动形式，能够引发大众主动参与，并生动有趣地扎根于消费者内心，潜移默化中扩大影响力，更有助于品牌的深度传播。

第九章

高端占位，就这么做品牌——商品品牌

品牌管理是一种战略，而不是一种策略。品牌的核心是品牌价值，不管是外来品牌还是本土品牌，无论是传统品牌还是新兴品牌，都在市场舞台上演绎着悲喜剧，在市场竞争的洪流中沉浮。在成熟的品牌市场中，品牌偏好竞争将是一场艰难且无止境的战争。那么，如何保护自己的品牌，把对手排除在竞争之外呢？

一、联合商标：防止别人钻空子

联合商标（Associated Mark），是指某一个商标所有者在相同的商品上注册几个近似的商标，或在同一类别的不同商品上注册几个相同或近似的商标，这些相互近似的商标称为联合商标。这些商标中首先注册的或者主要使用的为主商标，其余的则为联合商标。

因联合商标作用和功能的特殊性，其中的某个商标闲置不用，不致被国家商标主管机关撤销。由于联合商标相互近似的整体作用，联合商标不得跨类分割使用或转让。

联合商标注册不是为了使用，而是形成主商标的防护圈。联合商标可以分别获得注册，但其中每一个商标都不得单独转让，必须整个联合商标一同转让，联合商标使用许可也如此。联合商标中每一个商标都具有相对独立性，其中一个商标被撤销或被终止，不影响其他商标的有效性。

注册联合商标的目的，相对于正商标（一般为名牌商标）而言，是为了防止自己的正商标被他人仿冒。注册商标的目的是为了取得商标专用权，通过法律的保护，在商品或服务上使用商标，力求创立自己的商标品牌。

商标的近似或商品的类似经常导致识别不很明确，也没有严格的判断认定标准，而且随着时间、地点的不同而变化，因此难以防止他人在类似商品上注册或使用近似的商标，而一旦出现这种情况，要取消他人的注册或禁止他人的使用常常很困难。因此，人们通过注册联合商标来防止出现这种情况。有的也是因为出现了利用近似商标侵权的情况，才迫使厂家注册联合商标。

注册联合商标的目的还在于适应企业发展和新产品开发的需要。对于有实力的企业，产品种类繁多，新产品不断涌现，旧产品不断更新换代，因而在业务往来时需要在与原商品类似的新商品上使用与原注册商标有一定近似特征的商标，既可以利用老品牌促销，又展示了新产品的风采，此可谓一举两得。

山寨、高仿——大家实在是对它“爱恨交织”，山寨即为盗版，不少企业为了确保自己的利益，往往制定一些适合自己的实际特点的商标战略，比如杭州娃哈哈有限集团公司，“娃哈哈”为其正商标，同时娃哈哈公司还注册了如“哈娃哈”、

"哈哈娃"等联合商标，保障了娃哈哈的权益，不被别人钻空子。

提起康师傅方便面，大家都很熟悉，可你是否听过"康帅博"方便面？外面包装一模一样，连颜色字体也很像。买回去一吃发现味道不对，仔细一看才发现原来是"康帅博"。"德芙"巧克力，每块1元你相信吗？……

在乡、村的代销（经销）点、小卖部及集贸市场，假冒伪劣食品、傍名牌食品屡见不鲜。"营养在线"傍上知名品牌"营养快线"，"唐师傅方便面"假冒成"康师傅方便面"，还有"蒙午"纯牛奶、"伊俐"酸益乳……

"蒙午"、"伊俐"这些字印刷在包装箱上，都是很小的字体，只有"纯牛奶"、"酸酸乳"印刷在了比较显眼的位置。在各种山寨食品、酒水风行的农村的大街小巷，有的村民说："我们买东西不看品牌和保质期，只要能买得起、吃着香就行。"有些山寨食品涉嫌侵犯他人的商标权，受到了工商部门的查处。

二、有含义商标：内涵丰富的"安踏"

有含义商标，是指商标的文字、图形或其组合表达、暗示了某种意义或事物。其文字具有一定含义的，又可称为寓意商标；其图形具有表述性的，又可称之为指事商标。有含义商标的优缺点如图9-1所示。

有含义商标的优势表现在以下几个方面：

（1）有含义商标可以根据产品的目标市场需求及目标市场人们的心理，对商标加以定位，同时让品牌定位与产品定位协调一致，有利于赢得消费者。

都市丽人是中国快时尚内衣的领跑者，依据女性爱美的心理，签约国际一线著名演员林志玲作为形象代言人，2014年林志玲更是成为都市丽人的首席设计师，把自己的时尚态度带入产品。不仅产品市场定位与品牌定位一致，还把女性爱美、呵护健康的理念表达了出来。

（2）有含义商标可以表现产品的个性气质、形象及主要特征。

我国新研制的一种战机被命名成"飞豹"，飞豹二字就突出地表现了该战机动力强劲，速度快，火力猛，空中格斗能力强的特点。如果改成无含义商标，人们就想象不出它的特点了。

（3）有含义商标可以自我宣传。

商标是一种信息资源，具有传递信息的功能。任何商标都代表着它所依附的特定产品的内在质量和标准，在某种程度上表明了生产者或经营者对该产品所应承担的品质责任，从而保证消费者能在互相竞争的同类产品中凭借商标对产品进行选择与识别。

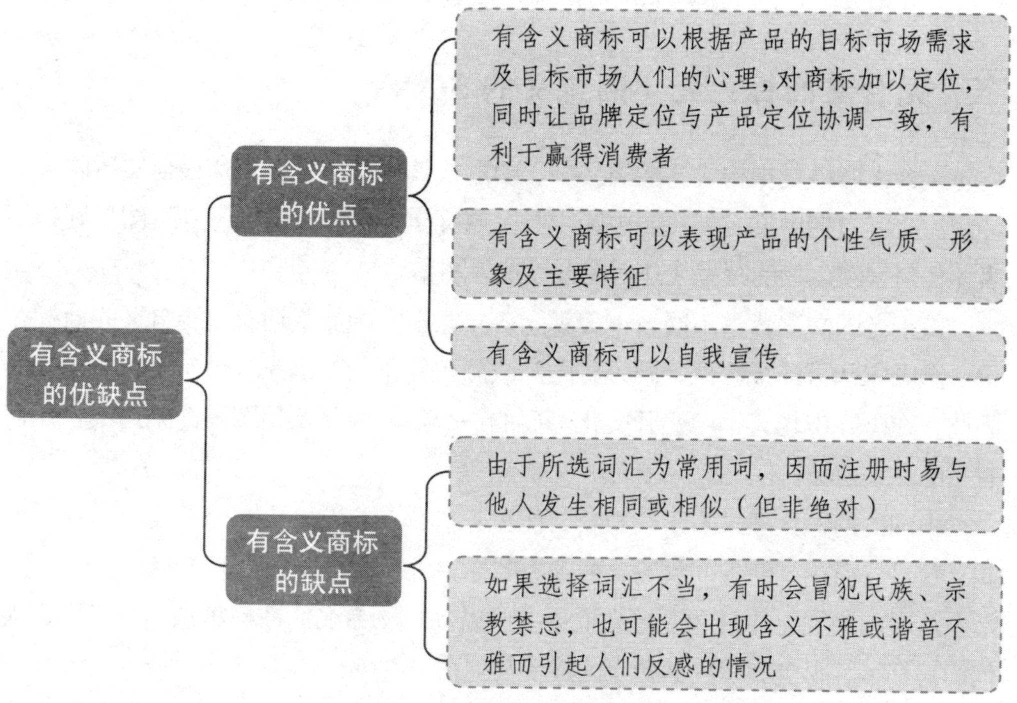

图 9-1 有含义商标的优缺点

有含义商标又有哪些缺点呢？

（1）由于所选词汇为常用词，因而注册时易与他人发生相同或相似（但非绝对）。

（2）如果选择词汇不当，有时会冒犯民族、宗教禁忌，也可能会出现含义不雅或谐音不雅而引起人们反感的情况。

安踏商标品牌不仅是标志，而且比标志更具意义和联想。安心创业，踏实做人，正是“安踏”名字的来源。安踏品牌是用一种客观的、直接的文字陈述着它持久不变的品牌根源。安踏品牌的精神已超越国家和文化的界限，将“超越自我的体育精神”融入每个人的生活。“keep moving……永不止步。”

整个标志为字母“A”的形状，由四段半径不同的圆弧线交汇而形成。整体构图简洁大方，富于动感。图形鲜红的色彩代表了安踏的活力与进取精神。圆弧构造出的空间感展现了安踏人开拓创业的无限发展前景，变形的“A”则抽象出一只升腾而起的飞行形象，以极其简约、概括的手法展现了力量、速度与美三元素在运动中的完美组合，并从广义上寓意安踏追求卓越、超越自我的理念。

三、无含义商标：无字面意义的SONY

无含义商标是指构成商标的文字、图形或其组合不直接表达任何实质内容的标记。文字包括中文、外文、中国少数民族文字、汉语拼音字母等；图形则指不表述任何客观事物的图案或几何图形等抽象图案。

由于各国文化背景不同，审美观念各异，在一国受欢迎有吉祥含义的商标在另一个国家却可能被冷落，同一种图案或颜色在不同的国家也会有不同的含义。因此，在国际市场营销中避开文化障碍的一个策略就是不用图案而采用不含任何意义的文字商标。

中国的商标大多来自于动植物，比如：熊猫、金鸡、山羊、飞鹿、白象、仙鹤、牡丹、荷花、红棉、玫瑰、菊花等商标，不一而足。

从中国的文化传统和爱好来说，一些以动植物命名的商标寓意丰富，迎合人们的喜好，容易受到国内消费者的接受与追捧。

但是，企业把产品推向国际市场，这些商标可能会因为遇到文化障碍而无法打开市场。荷花在中国表示纯洁，出淤泥而不染，但在日本是不吉祥的象征，被视为丧花；熊猫是珍稀动物，样子憨态可掬，是中国的国宝，但在伊斯兰教的国家，人们不喜欢像猪一样肥胖笨拙的动物；鹤在中国和日本象征长寿吉祥，但在印度的一些地区被看作是伪君子的形象；梅花鹿姿态优美，颇受国人喜爱，而在巴西却是同性恋者的意思。

因文化以及风俗习惯的差异，有含义的商标往往会受到限制，影响产品的销售。这时候可以采用无含义商标。在世界驰名商标中，柯达Kodak、索尼SONY、阿迪达斯ADIDAS等都是无含义文字商标。这些商标的共同特点是，简短易记、读声响亮、显示性强，因而容易在消费者心中留下深刻印象。

起一个独具特色的商标名称并不容易，日本索尼公司的前身是东京通信工业公司，出于在国外做生意的需要，公司创始人井深大和盛田昭夫决定给公司与产品起一个简短醒目，无论在各国都能保持相同发音的名字。在查找了不少字典后，从拉丁文中找到了一个“SONUS”的词语与日文生意的发音相近，觉得可以一用。

后来，他们又从当时流行的词“SONNYBOY”中选出了“SONNY”一词，但“SONNY”与日文中的“损”字发音相近，这是生意人的大忌，于是决定去掉一个字母N，得到了SONY。SONY这个词没有任何含义，而又从任何字典都找不到，索尼创始人将它用作公司和产品商标的名称。如今索尼公司已成为著名的跨国公司，而SONY也成为世界驰名商标。经营有方、品质优良、不断创新固然是索尼公司成功的原因，同时SONY这个独具一格的无含义名称也起了不可估量的作用。

商标命名是一门学问，很多国家都有专门为企业商标起名字的公司，且收费不菲，想从事跨国经营的公司不妨试试给产品起个无含义的商标名称。

四、品牌定位：七喜，非可乐，不含咖啡因的饮料

品牌定位是企业在市场定位和产品定位的基础上，对特定的品牌在文化取向及个性差异上的商业性决策，是建立一个与目标市场有关的品牌形象的过程和结果。

换言之，即指为某个特定品牌确定一个适当的市场位置，使商品在消费者的心中占领一个特殊的位置，当某种需要突然产生时，人们会首先想到该品牌，比如在炎热的夏天突然口渴时，人们会立刻想到“可口可乐”，清凉爽口。

品牌定位是市场定位的核心与集中表现。企业一旦选定了目标市场，就要设计并塑造自己相应的产品、品牌及企业形象，以争取目标消费者的认同。由于市场定位的最终目标是为了实现产品销售，而品牌不但是企业传播产品相关信息的基础，而且是消费者选购产品的主要依据，因而品牌成为产品与消费者连接的桥梁，品牌定位也就成为市场定位的核心和集中表现。

品牌定位的目的就是将产品转化为品牌，以利于潜在顾客的正确认识。做品牌必须挖掘消费者感兴趣的某一点，当消费者产生这一方面的需求时，首先就会想到它的品牌定位，就是为自己的品牌在市场上树立一个明确的，有别于竞争对手的，符合消费者需求的形象，其目的是在潜在消费者心中占领一个有利的位置。

良好的品牌定位是品牌经营成功的前提，为企业进占市场，拓展市场起到导

航作用。当消费者可以真正感受到品牌的优势，并且被品牌的独特个性所吸引时，品牌与消费者之间建立长期、稳固的关系就成为可能。

品牌定位的确定可以使企业实现其资源的聚合，产品开发从此必须实现该品牌向消费者所做出的承诺，各种短期营销计划不能够偏离品牌定位的指向，企业要根据品牌定位来塑造自身。

在可乐界，长期以来都是可口可乐和百事可乐两雄独霸，其他品牌根本无力与它们争锋。但市场并非一成不变，20 世纪 60 年代，美国一家饮料公司研制出一种恬淡爽口的白汽水，为了有效地占领市场，还特地给它取了一个极富有创意的名字：七喜。

后起之秀七喜汽水兵出奇招，用“不含可卡因的非可乐”的品牌定位，从可口可乐和百事可乐这两个强势竞争对手中“虎口夺食”，使七喜一跃成为仅次于可口可乐与百事可乐之后的美国饮料业的第三大品牌，上演了一场精彩的逆袭战。

20 世纪 60 年代末，七喜提出了“非可乐”的畅销概念，第一波“非可乐”广告形容七喜：“清新、干净、爽快，不会太甜腻，不会留下怪味道，可乐有的，它全有，而且比可乐多一些。七喜……非可乐。独一无二的非可乐。”广告的推出获得了成功，七喜销路大增。

“你不愿你的孩子喝咖啡，那么你还要给孩子喝与咖啡含有等量咖啡因的可乐吗？给他非可乐，不含咖啡因的饮料：七喜！”

五、品牌延伸：“攻城略地”的海尔

品牌延伸（Brand Extensions）是指企业将某一知名品牌或某一具有市场影响力的成功品牌扩展到与成名产品或原产品不尽相同的产品上，以凭借现有成功品牌推出新产品的过程。品牌延伸并非只简单借用表面上已经存在的品牌名称，而是对整个品牌资产的策略性使用。品牌延伸策略可以使新产品借助成功品牌的市场信誉在节省促销费用的情况下顺利地进占市场。

品牌延伸是品牌策略的重要方面。对于拥有顾客忠诚度的某种品牌来说，要使品牌永葆吸引力，长期受到顾客青睐的方法就是，不断追求品牌的延伸并准确把握和运用品牌延伸策略。

品牌延伸的本源含义是指企业把原有的品牌使用到新产品上，以此来降低新产品的营销成本并尽快促成新产品推广成功的策略。品牌延伸是企业推出新产品，快速占有并扩大市场的有力手段，是企业对品牌无形资产的充分发掘和战略性运用，因而成为众多企业的现实选择。

品牌延伸的意义如图 9-2 所示。

加快新产品定位

对于开发与本品牌原产品关联性和互补性极强的新产品来说，它的消费与原产品完全一致，消费者对它的需求量与原产品等比例增减，因此这种新产品不需要长期的市场论证和调研，原产品逐年销售增长幅度就是最实际、最准确与最科学的佐证

降低新产品的市场导入费用

世界市场经济高度发达，消费者对商标的选择体现在“认牌购物”上，品牌延伸使得消费者对品牌原产品的高度信任感有意或无意地传递到延伸的新产品上，促进消费者与延伸的新产品之间建立起信任关系，大大缩短了市场接受时间，从而降低了广告宣传的费用

有助于强化品牌效应

品牌原产品最开始的时候都是单一产品，而品牌延伸效应可以使品牌从单一产品向多种领域辐射，使部分消费者认知、接受、信任本品牌的效应，进而强化品牌自身的知名度、美誉度，这样也就使品牌这一无形资产得到不断增值

减少新产品的市场风险

品牌延伸，使新产品一问世就已经品牌化，极为有效地防范了新产品的市场风险，从而可以节省巨额开支

图 9-2　品牌延伸的意义

20 世纪 80 年代末，在国内冰箱价格战打得不可开交时，琴岛——利勃海尔（海尔前身）为提高自身形象反其道而行之，冒着经营失败的风险将全部产品提价 10%，取得了巨大的成功，并且将海尔冰箱提到了一个高质量、高档次的水平，避免了与其他厂家的价格大战，同时形成了自己的顾客忠诚度。

主副品牌延伸策略是海尔品牌延伸中最具特色也最成功的策略。单用海尔一个品牌只能表达其家电产品的共性，而每种产品的个性又难以有效地向消费者传

播，因此海尔集团运用主副品牌策略。在冰箱方面，海尔相继推出了“海尔——小王子”、“海尔——双王子”、“海尔——帅王子”、“海尔——金王子”等；在空调上，海尔先后推出了“海尔——小超人”、变频空调、“海尔——小状元”健康空调等；在洗衣机上，海尔推出了“海尔——神童”、”“海尔——小小神童”、“海尔——即时洗”等。

品牌延伸是促进企业发展壮大的必要手段，恰当的品牌延伸策略能为企业的规模发展插上飞翔的翅膀。

六、品牌核心价值：海飞丝，拒绝头屑没商量！

品牌核心价值是品牌资产的主体部分，它让消费者明确、清晰地识别并记住品牌的利益点与个性；它是驱动消费者认同、喜欢乃至爱上一个品牌的主要力量。核心价值是品牌的终极追求，是一个品牌营销传播活动的原点，即企业的一切价值活动（直接展现在消费者面前的是营销传播活动）都要围绕品牌核心价值而展开，是对品牌核心价值的体现与演绎，并丰满和强化品牌核心价值。

品牌是什么？商标、名称给消费者留下的综合印象？没错，但这只是品牌的外表，那么品牌的内涵与核心是什么呢？

一个成熟完善的品牌包含很多要素，比如扎实的产品品质、成功的传播手段、企业良好的社会形象等，但最关键部分是品牌自身所具有的吸引消费者的独特魅力，消费者通过这个品牌可以获得综合而独特的利益与体验，其中有理性因素也有感性因素。

品牌核心价值是一个品牌的DNA，是一个品牌的灵魂，是一个品牌的精髓。品牌核心价值代表着一个品牌最独一无二的要素。如果把品牌比作一个地球仪，其核心价值就是中间的那根轴心，不管地球仪如何旋转，轴心始终是不动的。

“万宝路”的“粗犷、阳刚、豪迈”、“星巴克”的“第三度空间”、“耐克”的“想做就做”……这些都是各自品牌最核心的诉求。

品牌核心价值具有三重不同的“境界”，即功能性价值、情感性价值和象征性价值，功能性价值属于较低层次的“境界”，而情感性价值与象征性价值则属于较高层次的“境界”。一个具有极高品牌资产的品牌往往具有让消费者十分心动的情感性与自我表现型利益，特别是在经济发达地区，品牌是否具有触动消费者内心世界的情感性与自我表现型利益已成为一个品牌能否立足市场的根本。

功能性价值向消费者传递的是看得见、摸得着的物质利益，而情感性价值更加重视表达品牌的情感内涵，如真情、关爱、友谊、温暖、牵挂等，让品牌带给消费者的感知从冷冰冰的产品本身上升至有血有肉的情感层面，如“舒肤佳”带给消费者的感受是健康的关爱，让消费者在使用“舒肤佳”香皂时感到更放心、更安心。

海飞丝是宝洁公司进入中国市场以来推出的新品牌，海飞丝洗发水的定位非常明确，就是去屑类洗发露（丝质柔滑型产品）。品牌的核心就是“专业去屑”。它帮助从发根上减少头屑，有护肤成分，能提升头部皮肤健康。

洗发水去屑市场空间很大，长期以来，洗发水品牌的去屑功能诉求似乎也大同小异。然而，海飞丝以高品质的形象、新颖的包装与在国内前所未有的铺天盖地式的广告攻势，迅速抓住了消费者的心。

宝洁公司在海飞丝市场导入期时的促销主要以推荐海飞丝是专为中国人的发质设计的去头屑洗发水，有效去除头屑的诉求为主，在促销表现上以去除模型假发上头屑的演示为潜在消费者提供直观的功能记忆点。“海飞丝”通过宣传加强这一概念，极大限度地满足了消费者的需求。

七、品牌资产：五粮液——最有价值的品牌

品牌资产（Brand Equity）也称品牌权益，是指只有品牌才能产生的市场效益，或者说，产品在有品牌时与无品牌时的市场效益之差。

品牌资产是 20 世纪 80 年代在营销研究与实践领域新出现的一个重要概念，是与品牌、品牌名称与标志相联系，能够增加或减少企业所销售产品或服务的价值的一系列资产与负债。它主要包括 5 个方面，即品牌忠诚度、品牌认知度、品牌知名度、品牌联想、其他专有资产（如商标、专利、渠道关系等），这些资产通过多种方式向消费者与企业提供价值。

从品牌资产的定义可以看出，要想让品牌成为资产的一部分，就必须对品牌实施资产化管理，通过不断地对其进行投入来维护和巩固其价值。

品牌资产管埋要从构成品牌资产的几个要素入手，具体方法如图 9-3 所示。

图 9-3　品牌资产的构成要素

（一）建立品牌知名度

品牌知名度的真正内涵是认知度及回忆度。品牌知名度的建立有两个作用：第一，帮助消费者从众多品牌中辨识并记住目标品牌；第二，消费者从新产品类别中产生联想。

建立品牌知名度通常可采用的做法是：

（1）给产品或服务取个容易记忆的名字，创建独特且易于记忆的品牌。

（2）不断露出品牌标识。除了声音之外，品牌名、品牌标识、标准色也具有很强的沟通能力。目标物重复暴露出现，可以提高人们对目标物的正面感觉，使消费者不论走到哪里始终看到一样的视觉印象。如可口可乐的红色、百事可乐的蓝色。

（3）运用公关的手段。广告效果显著，但相对代价昂贵，且易受其他广告的干扰。运用公关的传播技术，塑造出一些话题，通过报刊来引起目标消费者注意常常可以取得事半功倍的效果。

（4）运用品牌延伸的手段。运用产品线的延伸，用更多的产品去强化品牌认知度，即所谓的统一式识别。

（二）维持品牌忠诚度

品牌忠诚度就是来自于消费者对产品的满意并形成忠诚的程度。对于一个企业来讲，开发新市场、发掘新的顾客群体固然重要，但维持现有顾客品牌忠诚度的意义同样重大，因为培养一个新顾客的成本是维持一个老顾客成本的 5 倍。维持品牌忠诚度的通常做法有：

（1）给顾客一个理由，维持品牌忠诚度。比如不断推出新产品，适时更新广告，举办促销活动等不断强化品牌，让消费者追随你的品牌。

（2）了解市场需求，努力接近消费者。不断深入地了解目标对象的需求，定期地调查与分析去了解消费者的需求动向。

（3）提高消费者的转移成本。一种产品拥有差异性的附加价值越多，消费者的转移成本就越高。因此，应该有意识地制造一些转移成本，以此提高消费者的忠诚度。

（三）建立品质认知度

品质的认知度是消费者对某一品牌在品质上的整体印象。消费者对品质的认知度完全来自于产品使用或服务享受之后，产品的品质并不完全是指产品或服务本身，它同时包含了生产品质与营销品质。建立品质认知度可从以下几个方面入手。

（1）注重对品质的承诺。企业对品质的追求应该是长期的、细致的和无所不在的，决策层必须认清其必要性并动员全体员工参与其中。

（2）创造一种对品质追求的文化。因为品质的要求不是单纯的，每个环节都很重要，所以最好的办法是创造出一种对品质追求的文化，让文化渗透到每一个环节中去。

（3）培育消费者信心。经常关注、观察、收集消费者对不同品牌的反应是不可或缺的做法，强化对消费者需求变化的敏感性。

（4）注重创新。创新是唯一能够变被动为主动，进而去引导、教育消费者进行消费的做法。

（四）建立品牌联想

联想集团有一句很有创意的广告词："人类失去联想、世界将会怎样。"建立品牌联想对于品牌资产管理非常重要。品牌联想是指消费者想到某一个品牌的时候所能联想到的内容，然后根据内容分析出买或不买的理由。对企业而言，所要掌握的就是一个具体而有说服力的购买理由，这个理由是任何一个品牌赖以生存的基础。

一提到五粮液，人们首先想到的就是白酒大王、行业领军者、浓香型白酒代表、中国名牌、世界名酒等众多头衔，其实五粮液还有一个重量级的头衔，那就是——中国白酒行业第一品牌。

五粮液拥有世界上最大的、占地 7 平方公里的酿酒生产基地，在五粮液花园式的十里酒城里走一遭，见识过那些极富创意的建筑艺术，才可领略五粮液的文化传承、企业精神和厚重历史之间薪火相传的意蕴。五粮液是中国历史悠久、知名的白酒品牌之一，其血脉中始终流淌着中华数千年的古朴厚重的人文传统。在外销的白酒中，五粮液占了 90%以上市场份额。在威士忌、伏特加与白兰地组成的强大阵营中，五粮液也跻身其中，被口味挑剔的欧美爱酒人士所青睐。他们甚至给中国白酒取了一个充满魅惑的名字：white lightning（白色火焰）。

八、品牌本土化：入乡就要随俗

品牌本土化是指企业开拓新的区域市场或国际市场时，迫于当地环境压力，不得已修改品牌以适应本地文化的行为。比如国药第一品牌同仁堂在很多国家被抢注，所以同仁堂药业要想进军海外市场，必须另起新名。可口可乐进入中国市场，为了适应中国文化也起了一个非常中国化的名字“可口可乐”，与原英文商标同时使用。

本土化策略是一个过程而不是一个目的，是一个事物为了适应当前所处的环境而做的变化，简单说就是要入乡随俗。本土化这一概念也广泛地用于不同的行业。本土化的核心是：企业一切经营活动以消费者为核心，而不是以商家的喜好、习惯为准绳，企业规范必须随地区性变化引起的顾客变化而改变。

“本土化”的实质是跨国公司将生产、营销、管理、人事等全方位融入东道国经济中的过程，一般通过全面的调查，了解本土的实际经济、文化、生活习俗等情况而进行一系列融入性调整。

这样一方面有利于外来跨国公司生产出来的产品能更好地满足本土消费者的需要，另一方面也节省了国外企业海外派遣人员和跨国经营的高昂费用，与当地社会文化融合，减少当地社会对外来资本的危机情绪，有利于东道国经济安全，增加就业机会，管理变革，加速与国际接轨。

跨国公司在保持“经典”产品或服务核心地位的前提下，适当考虑所在国的国情，营造出一种与当地自然、人文环境相近的经营氛围，会吸引更多的本地消费者。

品牌本土化的内容主要包括三个方面，如图 9-4 所示。

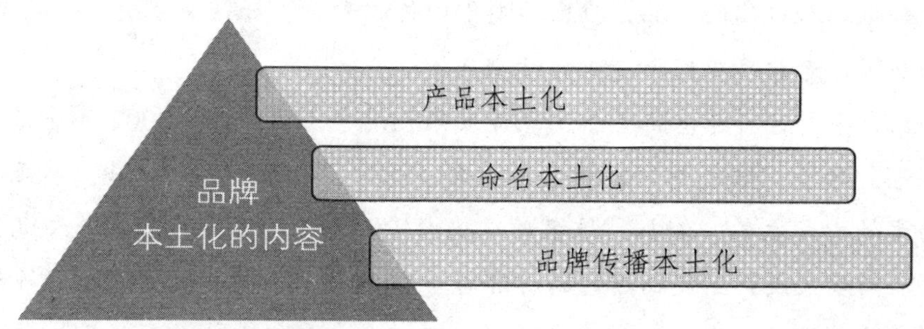

图 9-4　品牌本土化的内容

（一）产品本土化

产品本土化是品牌本土化的一个重要方面，从产品的设计、生产到原材料采购，都是产品本土化的环节。例如，肯德基推出了颇具中国民族特色的"芙蓉蔬菜汤"，而麦当劳则推出了符合中国人口味的"红豆派"。

（二）命名本土化

与中国品牌喜欢起外来名相反，跨国公司则偏爱给自己的外来品牌起中国名。命名本土化是跨国公司进行品牌传播时的一种工具，本土化的名字可以消除消费者的心理防线，取得心理上的认同感，而且也易为中国消费者识记。一些国际品牌在中国市场能够迅速走红，与其中国化的名字息息相关。比如可口可乐、百事可乐、宝洁、奔驰、宝马、劲量、伟哥、七喜、汰渍、家乐福等，它们都是十分中国化的名字，单从字面上看，很难分出它是国际品牌还是国内品牌。

（三）品牌传播本土化

在企业开展国际化营销的众多要素中，品牌具有深厚的文化内涵和情感内涵，是最需要本土化的内容。例如，在春节期间，麦当劳餐厅的布置上处处显出年味儿，以对联、窗花等装饰品来体现浓厚的中国传统特色。

从全球的范围来看，无论是连锁店数量还是销售额，麦当劳都远远高出肯德基。为何在中国却恰恰相反呢？全球化与本土化并重，肯德基以紧凑的本土化步伐打造在中国的品牌优势，正在成为这家公司的核心战略之一。

2000年肯德基成立了“中国肯德基食品健康咨询委员会”，不断分析国人口味，开发适合中国人口味的产品，推出典型中国化的食物，如盐酥半翅、榨菜肉丝汤、寒稻香蘑饭、老北京鸡肉卷、粤味咕唠肉等。

平均每个月，肯德基都会推出长期或短期的本土化产品。2002年肯德基推出“早餐粥”之后，陆续创新出豆浆、油条、烧饼、粥等一系列中餐，甚至推出以米饭为主的中式主餐，例如“培根蘑菇鸡肉饭”和“巧手麻婆鸡肉饭”两款米饭类产品。两款米饭产品促销期内的售价均为18元，与同类产品相比，这个价格更接近一些中式快餐的定价。

2003年老北京鸡肉卷上市，2008年“安心油条”上市；并推出第一款四川风味的牛肉产品“川辣嫩牛五方”；2009年“法风烧饼”上市；2010年“醇豆浆”让“烧饼”不再孤单；2012年川香双层鸡腿堡上市；2013年10月27日开始推出了枸杞南瓜粥和川香辣子鸡两种典型中国风味的产品；2014年“韩国泡菜八分堡”，做八分青年……肯德基将本土化与创新研发相结合，将中式传统融入西式快餐，不断给消费者带来更多美食冲击。

除了产品，肯德基在各个方面都加紧本土化的步伐。肯德基在中国的本地原料采购比例已达95%，其中面包、鸡肉与蔬菜全部来自中国本土。

九、品牌国际化：向世界进军的海尔

品牌国际化是指使品牌成为国际品牌，在国际上有较大影响力的品牌的行为过程。品牌国际化常用方式有两种：第一种是国内生产，但产品销往国外；第二种是在国外设立分公司，实现全方位的扩张。

第二种方式是世界著名大公司最常用的方式。有一些著名的跨国公司甚至自己并没有生产能力而转嫁给一些当地生产成本很低的外国公司，这样它仍然可以享受到自己品牌的大部分收益，比如耐克公司。

要想在全球范围内营造一个品牌，困难是巨大的，每一个竞争对手，尤其是本国的竞争对手都会对外来的入侵者高度敏感；此外，不同国家之间在语言信仰、生活与消费习惯方面会有很大的不同，产品的特性与和价格也会有很大的不同，这就增加了品牌国际化难度。

因此，品牌必须与当地具体情况相结合，即实行本土化。建立一个品牌，如果不考虑当地消费者的消费行为、特征，可能产生负面的影响。在跨国公司的经营策略中，产品生产以及营销的本土化是一个特点。利用著名品牌的晕轮效应，在海外子公司生产同类的产品，利用当地的廉价劳动力资源，可以使得成本大大降低，产品竞争力得到进一步加强。

海尔前进的脚步从未停止过。在实现了“中国名牌”之后，海尔又将眼光抛向了海外——向世界名牌进军。

海尔已经成为全球知名品牌，它不仅是最早开拓海外市场的中国家电企业，而且还是最早强势迈入全球竞争阶段的品牌。海尔在全球的跨越式发展及引领者地位获得社会各界一致认可，受到法新社、美国纽约《每日经济新闻》、英国《每日邮报》网站、德国第三大新闻周刊《焦点》等欧美知名媒体的重点报道，其推出的透明冰箱、无尾厨电等原创家电被称作引领家电未来走向的产品。

根据相关数据统计显示，海尔洗衣机 2017 年度销量在全球的市场占有率为14.6%，连续第九年全球份额第一。

中国人也有自己的世界品牌！

第十章

移动浪潮下的新商业逻辑——互联网思维

是哪个未知的对手使戴尔、张近东、马化腾夜不能寐？瑞星公司因何被奇虎 360 彻底断了生路？世界三大搜索引擎谷歌、雅虎、百度，各有怎样的赚钱套路？

同为电子商务，为何阿里巴巴保持着高盈利态势，当当、亚马逊却长期处于亏损？互联网思维时代，传统企业家如何利用虚拟空间挖掘财富，又是如何被新兴的竞争对手颠覆？在移动互联网时代，慢一步就可能步步皆输。

一、互联网思维：万物皆可互联

互联网思维，指能充分利用互联网的精神、价值、技术、方法、规则、机会来指导、处理、创新生活和工作的思维方式，就是在（移动）互联网、大数据、云计算等科技不断发展的背景下，对市场、用户、产品、企业价值链乃至整个商业生态进行重新审视的思考方式。

互联网不仅指桌面互联网或者移动互联网，是泛互联网，因为未来的网络形态一定跨越各种终端设备，包括台式机、笔记本电脑、平板、手机、手表、眼镜等。互联网时代的思考方式，不仅仅局限在互联网产品、互联网企业。

最早提出互联网思维的是百度公司创始人李彦宏。在百度的一个大型活动上，李彦宏与传统产业的老板、企业家探讨发展问题时，首次提到“互联网思维”这个词。他说，我们这些企业家们今后要有互联网思维，可能你做的事情不是互联网，但你的思维方式要逐渐像互联网的方式去想问题。不是因为有了互联网才有了互联网思维，而是因为互联网的出现和发展使得互联网思维得以集中爆发。

互联网商业模式必然是建立在平等、开放基础之上，互联网思维也必然体现着平等、开放的特征。平等、开放意味着民主，意味着人性化。从这个意义上讲，互联网经济是真正的以人为本的经济。

互联网思维的特性有哪些方面呢？

（一）互联网思维是要求“变则通，通则久”

一种技术从工具属性、应用层面到社会生活，往往需要经历很长的过程。而且这种影响是滞后的，我们难免会处于身份的尴尬之中：旧制度和新时代在我们身上会形成观念的错位。越是以前成功的企业，转型越是艰难，这就是“创新者的窘境”——一个技术领先的企业在面临突破性技术时，会因为对原有生态系统的过度适应而面临失败。

（二）互联网思维是一种商业民主化的思维

工业化时代的标准思维模式是：大规模生产、大规模销售和大规模传播。互联网时代，这三个基础被解构了，生产者和消费者的权力发生了转变，消费者主权形成。

工业化时代稀缺的是资源和产品，资源和生产能力被当作企业的竞争力。如今，产品更多地是以信息的方式呈现，渠道垄断很难实现；除此之外，媒介垄断被打破，消费者同时成为媒介信息的生产者和传播者，通过买通媒体单向度，广播式制造热门商品，诱导消费行为的模式已经不再成立。

（三）互联网思维体现了用户至上的思维

在这个数字时代，消费者主权的时代，用户至上变成了“不得不”的行为。淘宝卖家“见面就是亲，有心就有爱”的形式是真实的情感，好评是最有价值的信息。

（四）互联网思维下的产品和服务是一个有机的统一体

在顾客至上的情况下，消费者的需求是分散的、个性的，购买行为的背后除了对产品的追求之外，接受到的服务变成了他们展示品味的方式。

消费者的需求不再简单和直接，要求你的产品是一个精益求精、服务迭代的过程。例如，小米手机每周迭代一次，微信第一年迭代就开发了 44 次。

（五）互联网思维下的产品自带了媒体属性

需求和品味相关联，所以互联网思维下的产品就是极致性能+强大的情感诉求，并且他们是自发传播的。

（六）有互联网思维的企业组织一定是人性化的

互联网思维强调开放、协作、分享，要求企业人性化管理，等级分明的企业很难贯彻互联网思维。一个重要的评判标准是，企业对用户和员工有没有爱。

周鸿祎在《我的互联网方法论》的书中讲述了自己十几年来的互联网观、产品观和管理思想：“互联网思维是一种全新的价值观。不是因为有了互联网才有了互联网思维，也不是只有互联网公司才有互联网思维。真正的互联网思维是对传统企业价值链的重新审视，体现在战略、业务和组织三个层面，以及供研产销的各个价值链条环节中，并且将传统商业的‘价值链’改造成了互联网时代的‘价值环’。”

互联网思维不是互联网人的专利。不是因为你在互联网公司你就具备这种互联网思维，也不是传统企业就没有这种思维。互联网思维就是一种思考方式，它不属于哪一类人。

对于互联网思维，360 公司董事长周鸿祎总结了四个词：用户至上，体验为王，免费的商业模式，颠覆式创新，如图 10-1 所示。

用户至上

用户不是客户，互联网不是把东西卖给谁，而是如何提供有价值的服务。互联网上聚集的用户越多，化学反应就会越大，因此要与用户建立长期的关系

体验为王

在互联网上，用户选择成本很低。要想办法让大家感受到超出预期的感受，产生交易之外的感情上的认同。用户成为你的粉丝，产品才会有口碑

免费的商业模式

“免费”在现实生活中基本不可能，更多时候是一种推销的噱头或营销的技巧。但在互联网时代，免费服务可以做得很好，比如谷歌把搜索做得很好，腾讯把聊天做得很好。
这种免费服务汇聚了巨大的用户量之后，总有办法在海量用户基础上构建一种新的商业模式

颠覆式创新

任何一个新事物，刚出生时都不是完美的，都是缺点满目，但是它一定在一个点上做到了极致

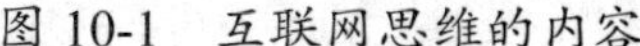
图 10-1　互联网思维的内容

二、用户思维：C2B，让用户参与产品创新

用户思维，即“以用户为中心”的思维。用户思维主张在价值链各个环节中都要“以用户为中心”去考虑问题，并以用户思维代替客户思维。

客户思维，是指产品研发、营销和交付都要“以客户为中心”。客户与用户只是一字之差，所指却完全不一样。客户是付钱者但未必是使用者，用户是使用者却未必付钱。比如，在礼品市场，从来都是买的不用，用的不买。

用户思维强调的是“以用户为中心”，在互联网产业中很常见。比如，百度的搜索，客户做广告必须支付金钱，但用户使用免费，不用支付一分钱。腾讯的微信、QQ，用户免费使用，但贡献的流量被用于其他收费项目，甚至将流量卖给需要的客户。

新的形势下，企业在更高层面上实现“以用户为中心”，不是简单地听取客户需求，解决客户的问题，更重要的是让用户参与到商业链条的每一个环节中。从需求收集、产品构思到产品设计、研发、测试、极致用户体验、口碑营销和服务等，都离不开用户的参与。

用户思维是互联网思维的核心，网络经济时代，权力向用户转移。企业必须建立起“以用户为中心”的企业文化，不能只是了解用户，而是要深度理解用户，汇集用户的智慧，构建新的制高点。

仅有用户思维就够了吗？

“天价月饼”屡禁不止，每当中秋佳节来临之际，过度豪华包装的月饼纷纷出炉，挤满各地商店，而且销量甚好。这些月饼动辄几千元一盒，有的甚至高达数万、数十万元，价格之高令人瞠目结舌。

豪华月饼的价格年年渐涨，市场销路竟然也很好。月饼本来不过是面粉加油和糖的混合物，有的增加少量的火腿、果仁，成本很低。即使再不好吃的月饼，只要包装好，高端上档次，一定卖得好。

这就涉及“面子”问题，即包装是否美观，是否有档次，能否拿得出手等，月饼的实用性和收月饼的使用体验排在第二位。这时候考虑的就不仅仅是用户思维，还有月饼的使用价值和使用者的体验，即对用户的价值。

三、简约思维：hao123，简约=年收益 20 亿元

简单思维是指以“简单”为核心的思维方式。简单思维这个概念并不是一个贬义词，也不是指一种低级的思维方式。它是一个中性的概念，是指一种特殊的思维方式，这种思维方式有着特殊的思维功效，能够帮助人们在观察问题和解决问题时化繁为简。

奥卡姆剃刀原理指的是，切勿浪费较多资源去做用较少资源同样可以做好的事情。互联网时代，信息爆炸，用户的耐心越来越不足，所以必须在短时间内抓住他们的注意力!

产品设计要做减法。外观要简洁，内在的操作流程要简化。

一个导航类网站，20 亿元的年收入，对于很多同类产品来说，这都是一个可望而不可即的神话，这个神话就是 hao123——一个被百度收购后依然在正常运行的产品。

2004 年，hao123 以 5 000 万元外加股票期权的天价被百度收购的消息传出后，在业界引起一片喧哗与骚动。很多人困惑不解，这样一个看起来技术极其简单、仅仅把各类网址收集在一起的网站，为什么能够卖出如此高的价格？从技术上说，hao123 几乎没有任何门槛，业界能够做出来的人何止千万？

hao123 网站自 1999 年正式上线，至 2004 年 9 月 1 日 Alexa 全球排名第 26 位，超过国内许多著名专业网站，甚至直逼 TOM 等门户网站。今天，显然 hao123 已经超过这些网站。hao123 从上线的那一天起，就凭借简洁的页面、相对公正的网站拣选，成为许多网民电脑开机后的第一选择。尤其是在遍及城乡的网吧，hao123 常常被设置为上网首页。中国很多普通网民的上网经历就是从点击 hao123 开始的。

hao123 仅仅把所有的网址堆砌到一个页面上，随着发展，hao123 赢得了愈来愈多的用户。hao123 的设计者给这个网站的定位就是新手们可以一点就到达的一个类似收藏夹的网站。

hao123 的目标市场是被大公司所忽略的初级网民市场。它专注地瞄准了中国正在迅速扩大的那部分新生网民：网吧中初次上网的年轻人，千家万户刚购买了电脑的小学生，以及几乎不会用键盘只能操作鼠标的老年人。这些正是日后 hao123

的忠实用户的来源基础。

为了顺应这些网民的思维习惯，hao123 页面像传统报纸一样，打开浏览器就能看到大量的新闻链接，还有一目了然的网站名称。即使用户只知道有新浪而从未见过其“真身”，在 hao123 中，也可以通过点击鼠标去到他想去的地方，或者看到他想看的新闻，他们不想探索其中的技术原理，不需要不断地做出决定。

为了避免“小白们”一去不复返，或者不知道如何回到首页，hao123 在首页即列出了大量精选后的网址，而内部的链接也绝不会超过两层，这样的设置正是为了让用户不至于被快速变化的网址和页面搞得晕头转向。

hao123 自建立以来就以网站干净而引人注意。整个网站没有一点多余的内容，没有任何弹窗广告。在弹窗广告时代，很多人都认为弹窗广告是病毒，hao123 的绿色给人的感觉就是清新。hao123 的商业模式很靠谱，它只卖有价值和有用户体验的广告。

现在的一些网站，在网站没有多少流量的情况下就广告满天飞，而 hao123 一直坚持免费、优秀的产品。大家都明白用户体验的道理，但是能够坚持注重用户体验的人只是少数。hao123 即使不赚钱也不在网站上加用户体验不好的广告。用户喜欢 hao123 的理由如图 10-2 所示。

用户喜欢 hao123 的理由

- 方便、快速、实用
- 没有病毒和不良链接
- 分类清楚、内容多且全面
- 界面简洁、广告少

图 10-2 用户喜欢 hao123 的理由

把复杂的问题简单化，本身就是一种思维改变，是一种创新，是解决问题行之有效的办法。

四、极致思维：唯品会的极致安全，特卖网站的逆袭

极致思维，就是把产品、服务和用户体验做到极致，超越用户预期，体现的是一种匠人精神，做产品的专注和追求极致。

唯品会在中国开创了“名牌折扣+限时抢购+正品保障”的创新电商模式，并持续深化为“精选品牌+深度折扣+限时抢购”的正品特卖模式。这一模式被形象地誉为“线上奥特莱斯”。唯品会每天早上 10 点和晚上 8 点准时上线 200 多个正品品牌特卖，以最低至 1 折的折扣实行 3 天限时抢购，为消费者带来高性价比的“网上逛街”的购物体验。2017 年 6 月，唯品会宣布品牌定位升级，从“一家专门做特卖的网站”，升级为“全球精选，正品特卖”。

唯品会发布的 2018 年第一季度财报显示，第一财季，唯品会净营收 199 亿元（约合 32 亿美元），比去年同期增长 24.6%，毛利润 40 亿元人民币（约合 6.392 亿美元），唯品会市场份额为中国 B2C 电商排行第三，正品信任度排名全行业第一。唯品会为什么会成为中国最不可思议的电商？

（1）唯品会商业模式的诉求之一是让品牌商更优雅地处理库存，让品牌商尽可能地减少曝光度。如果一家特卖网站能够大量处理品牌商的尾货，那么他很难再去找第二家合作。

（2）唯品会成功的原因还有一个是，唯品会有一个非常好的公司治理机制，从成立第一天起到机构进入都有董事会。

（3）唯品会有专门的买手团队，这也是唯品会的核心竞争力之一。从选择品类到选择品牌，最后选择商品，包括款式、布料、价格等，唯品会都会有专业的买手团队，这个团队都是时尚业、零售业、服装业的资深人士。

唯品会能把贴近大众的商品特卖做到极致，至少说明唯品会对品牌的嗅觉、消费者的喜好、特卖商品的搭配等有足够的掌控力。

唯品会将自己积累的销售数据与买手的经验叠加，就更能准确地决定活动销售的品类、品牌和商品。动态的、考究的销售方案也是唯品会 merchandising（商品化）的核心竞争力所在。

唯品会与其他电商的不同还有，唯品会不自建物流，配送全交给第三方快递公司，自己只建仓库，相对来说，其模式更加“轻巧”。

唯品会主打专做特卖的网站，特卖意味着较低折扣，品牌的特卖更能吸引普通消费者，于是唯品会的商业逻辑成立了。互联网让消费者和品牌供应商在虚拟的平台上对接，打通交易的各个环节形成一个闭环，这就是特卖模式的基础形式。

特卖模式解决了两大问题：

（1）品牌供应商的去库存压力

品牌供应商，特别是服装、鞋帽类一般有着较大的库存压力，而线下渠道却难以消化在产品更新以及市场潮流快速变动的过程中积压的大量库存。代表着市场的潮流趋势的新品是线下渠道销售的重点。

线下对历史库存的消化能力有限，品牌商对库存的处理也没有大量的经历去耗费，垂直电商的特卖模式无疑帮了品牌商的大忙，一方面可以清理积压的大量库存，回笼一部分资金；另一方面还可以把更多的精力聚焦在主营业务，这显然是正确的经营策略。

（2）满足普通消费者的偏好

中高端品牌受到消费者较大的关注，良好的质量和服务以及较好的品牌知名度是打动消费者的重要因素。但对于普通消费者而言，价格是其购物中考量最多的一个因素。很多中高端品牌价位普遍偏高，普通消费者难以支付，中高端品牌的“高大上”的定位又限制了在主流消费期内一般是没有折扣或者折扣有限，所以较低折扣就成为普通消费者购买中高端名品的一个重要途径。

在唯品会，服务不仅仅是口号，而是一种精神，一种理念，一种渗透到企业运行每一个环节的极致追求，让每一位客户都享受到贴心、关爱、无微不至的购物体验。

五、粉丝思维：“米粉”助力小米估值100亿元

粉丝（fans），狂热、热爱之意，后引申为影迷、追星等意。移动互联网时代的法则是“得粉丝者，得天下”。粉丝就是生产力，粉丝经济学将大行其道。

现在许多年轻人习惯把这个词称为“支持者”，它已成为了时尚的代名词。

“粉丝”是现今互联网上提及最高的词语之一，它是互联网思维的核心，互联网离不开用户，用户的注册数、活跃率等是衡量一个平台影响力的重要指标之

一，粉丝的参与、体验成为产品最好的创新源泉。粉丝是品牌的一部分，或者说唯有粉丝才有品牌，否则就只是 LOGO 而已。

“粉丝”并不能代表用户，一个企业可能拥有很多的用户，却不代表着这个企业或产品拥有很多“粉丝”。“粉丝”是对某一种事物的疯狂喜好者，比如著名演员、漫画、动画、运动、产品等。

粉丝营销（Fans marketing）是指企业利用优秀的产品或企业知名度拉拢庞大的消费者群体作为粉丝，利用粉丝相互传导的方式达到营销目的的商业理念。

粉丝未必是购买者，可能是对这个产品极度热爱的人，但又在短时间没有形成购买意向；也可以是购买者，已经对该产品产生情感，有一定的忠诚度，比如苹果手机用户，亦许他暂时没有能力买这部手机，但是他喜欢苹果手机，愿意跟别人分享这个品牌，当他有能力购买时会选择。

对于公司来说，积累粉丝是一个时间问题，可口可乐公司在全球拥有 48%的极高市场占有率，各个地方都有喜欢可口可乐独特味道的粉丝。可口可乐公司出新口味或者新产品，这些粉丝都是最早的消费者，一直追随可口可乐品牌。苹果的（iPhone）手机产品也体现了粉丝营销的效果，甚至不乏一些狂热粉丝为了苹果手机通宵排队购买。用优秀的产品聚拢忠诚的粉丝是粉丝营销中效果最好的。

只要有粉丝，就会有口碑。苹果的粉丝称果粉，小米的粉丝称米粉，跨越了互联网和娱乐圈。无论是大品牌还是小品牌，都开始将“粉丝”重视起来，让粉丝有三“感”：参与感、尊重感、成就感。

“粉丝”是品牌的推手，“用户”是品牌的维护者，在不到三年的时间里，小米手机成就了一个神话。成立不到三年、产品卖了只有一年多的创业公司竟然跻身百亿元俱乐部，这样的成绩在全球创业公司中绝无仅有。

很多人把小米的成功解读为饥饿营销，还有人更直接地将其称为变相的期货模式，即锁定用户的预付款而推迟发货。实际上，低价、高配还难以让小米迅速成为神话。比 700 多万台手机销售成绩更为传奇的是 500 多万忠诚的小米粉丝——“米粉”。“米粉”已成为购买小米的主力军。

雷军坦承，小米手机成功的要诀有三个：创业团队、创新和粉丝经济。粉丝经济是其中最为重要的因素。小米手机通过互联网培养粉丝，通过手机顶级配置并强调性价比的方式吸引用户。以互联网的商业模式，先积累口碑建立品牌，继而把手机变成渠道。“高性价比”的口碑和宣传让小米手机如同滚雪球般地迅速“碉堡”起来。

雷军和乔布斯一样，相当关心用户体验。“和米粉，做朋友”是小米的口号。小米成立了由 400 名员工组成的呼叫中心，专门负责在小米社区、微博以及对于米粉的来电进行互动和反馈，并以此和米粉建立直接联系，加深米粉对于小米的体验。

网络是培育米粉的平台，微博是小米聚合米粉的利器。新浪微博上“小米公司”粉丝已达 1342 万，“小米手机”粉丝也有 1925 万。对拥有 1738 万粉丝的雷军而言，在微博平台上，他既是小米手机掌门人，又是一个随时防止小米品牌受破坏的看守者，更是一个为“米粉”排忧解难的客服人员。小米先前通过 MIUI 积聚起数量庞大的手机发烧友，小米手机“为发烧而生”的核心定位就是来自于他们对于理想手机的标准。

小米选择互联网就是为了更好地留住客户，而小米的粉丝经济是小米实现价值的最根本环节。

六、流量思维：免费是为了更好地收费

流量思维，即重视流量，流量即金钱，流量即入口。今天，真正免费的不是电力，而是互联网。《长尾理论》的作者克里斯·安德森说，人类历史上出现了一种前所未有的趋势，那就是免费！凡是与互联网有关的东西，或多或少都可以免费得到，比如免费地在网上浏览新闻、阅读书籍、听音乐、看电影、搜索网页、收发邮件，甚至还可以免费打电话。免费简直就是互联网的天性，“免费共享”已经成为互联网文化。只要连上网络，就一定有办法免费使用。

为什么免费是互联网的主流呢？主要有两个原因：

第一，互联网产品有一个显著特点，用经济学语言说，就是它的边际成本接近 0。边际成本就是新增一个用户所产生的成本。一个网站，多一个人使用，或少一个人使用，成本不会有任何区别。人类历史上从未有任何一种产品像互联网那样，可以零成本扩张用户。

第二，只要是文件，就可以被快速复制，根本没有办法防止，或者即使有办法，也由于实施成本太高而不可行。也就是说，只要一个网站卖的是可以被复制

的东西，它就很难发展收费用户，因为用户之间互相分享的成本太低了。

免费服务已经成了互联网里非常普遍的现象，创业者们通过免费和收费混合的商业模式赢得利润。如何才能用免费服务吸引住用户又不至于亏本呢？

（一）增值服务收费（Freemium）

增值服务收费，是指用免费版本作为营销工具，让尽可能多的用户使用产品，然后将其中少数用户转化为付费用户，向他们提供更高级的功能，比如图片储存网站 Flickr。这也是最常见的网站经营模式。

（二）广告模式（Advertising）

广告模式是指用户可以免费使用网站，但是必须同时接受广告，网站通过广告收入盈利。这种方法可以将流量转化为收入，Google 就是这种方式的先锋。

（三）交叉补贴（Cross-subsidies）

交叉补贴是指网站本身免费，但是相关的其他商品或服务需要收费，通过收费产品补贴免费产品。就像打印机公司低价出售打印机，然后通过高价的耗材赚钱。

（四）劳务交换（Labor Exchange）

劳务交换是指用户以提供自己的劳务作为代价，换取免费服务。比如，上网时往往会遇到人机识别的环节，网站要求用户输入一串图片上的字符，以确定这是真实的使用请求。有一家称作 reCAPTCHA 的公司，就免费提供这种识别服务，它让用户识别古书上的单词，以帮助提供书籍文字识别的正确率。

克里斯·安德森说："我们正在进入免费时代。免费不再是商业噱头，而将成为经营的常态。这个变化有多大？你可以设想一个类似的情况：1954 年，核能刚刚出现时，美国原子能委员会的主席说，未来电力将可以免费使用，因为人类将拥有无限的核能发电。当然，他的设想落空了，核能具有一定的危险性，所以不能无限使用。但是，如果他是正确的会怎样？如果电力真的可以免费使用呢？

"一切都会改变。所有大楼都将改用电力制冷，我们将使用电力汽车，自来水将全部是蒸馏水，内陆的旱地和沙漠都会得到浇灌，化石燃料将不再使用，全球变暖将成为一个历史名词。

“人类用了几十年时间，做到了计算能力不再需要分配，可以无限供给。我们使用带宽和储存设备的能力才刚刚开始发展，只有我们的想象力才能限制它。未来的时代是免费互联网的时代，网上的一切都可以无限使用，新一代的人类将使用免费网络长大，他们会改变世界。因为人类需要免费，而且免费也日益成为现实。”

七、迭代思维：错了就改，微创新不可忽视

迭代是重复反馈过程的活动，其目的通常是为了逼近所需目标或结果。每一次对过程的重复称为一次“迭代”，而每一次迭代得到的结果会作为下一次迭代的初始值。

迭代最初是源于数学领域的一个专有名词，是数学中的一种算法，是指将初始值经过相应公式进行计算后得到新的值，并通过相同方法对新的值进行计算，经过几次反复计算得到最终结果的一种方法。

任何事物经过几次迭代之后都会蜕变成新的事物，这一方法在移动互联网时代被称为迭代思维。迭代思维在产品开发方面允许有所不足，不断试错，在持续迭代中完善产品。

迭代思维与其说是思维方法，不如说是一种生存法则。在信息量浩如烟海，选择众多的互联网市场中，要想生存下来，需要不断地吸引用户眼球，争夺流量。如何吸引越来越聪明的用户呢？变！“变则通，通则达，达则久。”不断变化才能把别人的路挡住，让用户只走自己的路。

具体到移动互联网的操作上，以 APP 开发为例，团队成员在最短的时间内上线 APP 的第一版，通过用户的反馈再以最短的时间进行再次开发升级，并迅速推出新的版本供用户使用，然后收集用户的反馈进行再开发。发布、反馈、再发布、再反馈，这样的一个过程就是一次迭代，经过几次迭代之后，APP 就能达到相对完美的状态。

迭代思维在移动互联网上的发现具有偶然性，但也是移动互联网发展的必然。移动互联网发展太快了，2007 年，iPhone 第一代手机发布时，人们还没有意识到移动互联网的重要性，但是到 2010 年的时候，无论是国内的互联网巨头还是国外

的科技公司，都在抢占移动互联网门票，高呼晚矣。迭代思维一经提出就受到了广大企业的推崇，在移动互联网上占有重要位置。

迭代思维的核心首先是在最短的时间内要将产品推出，快是迭代思维的根基；其次是要通过最少的成本来推出产品。在移动互联网时代，每一个产品的第一版本都是简单或存在缺陷的，因为每个产品制造商都在争分夺秒地推出产品，谁先成功地推出产品，谁就有更大的机会成为某一领域的“领头羊”；另一方面是因为通过最主要功能的打造，可以极大地降低成本和风险，在人力、物力、财力上是一种极大的节约。

迭代思维说起来很简单，但是如果真正要运用迭代思维，需要做的远远不止速度和重复这么简单。快是迭代的必然要求，重复是迭代的表现形式，而迭代的真正内涵是升华，是积累，是总结，是量变到质变再到量变的过程。每一次迭代是站在新的起点上的再开始。对反馈信息的总结是迭代过程中的重点，没有反馈，没有总结，迭代出来的结果跟迭代前相比就没有本质的提升。

运用迭代思维，最重要的是要选好迭代的起点，比如，在开发 APP 的时候，一定要清楚开发的 APP 是否有价值，在确定价值性和可行性之后迅速投入开发，尽可能在最短的时间内上线。上线后，积极收集和处理用户的反馈，在用户反馈信息的基础上，筛选优质的信息，对产品进行改进。同时，每一次改进之前都要考虑方向的正确性，只有找准了正确的方向，才有继续的价值。

在当今的移动互联网时代，没有最好，只有更好，唯有迭代才能出精华，才能跟上时代的潮流。“迭代思维”就是迅速完善产品，完善的过程中就需要不断地创新、突破。

孟得明说：“成功模式是 90%模仿加 10%的创新，而 90%创新加 10%模仿的人必死。”原因是，中国互联网产品的更新换代太快，今天创新，明天同类产品就会出现，创新花的时间、金钱换不来竞争力。并且，处于如此快节奏的生活方式下，没有时间等你慢慢创新，微创新更能赢得成功。

微创新是指用户体验上的创新，即从用户体验的角度去改善用户使用的体验，从用户使用产品的所有流程开始，在产品细节上做一些改进，给用户创造价值。微创新是一种采用或者完善创新性产品模型、商业模式的一种方法论或概念。

“微创新”一词出自 360 安全卫士董事长周鸿祎——“用户体验的创新是决

定互联网应用能否受欢迎的关键因素，这种创新叫‘微创新’”。

“微创新”引领互联网新的趋势和浪潮。周鸿祎称：“你的产品可以不完美，但是只要能打动用户心里最甜的那个点，把一个问题解决好，有时候就是四两拨千斤，这种单点突破就叫“微创新”。

要做出“微创新”，就要深入用户的心里，把自己当成一个老大妈、大婶那样的普通用户去体验产品。

互联网的“微创新”有两点很关键：从小处入手，贴近用户需求心理；快速出击，不断试错。

轻易就大胆创新是很危险的，且行且微调才是当下新创企业的生存发展之道。小而美、专而精也是一种很惬意的活法。

可口可乐又独辟蹊径，走独特路线，在小小的条形码上推出了会唱歌的条形码，让购物买单也变得可爱有趣。

在超市结款时，扫描商品都是清一色的“嘀”声，巴西可口可乐通过改装超市的条形码扫描系统，在超市收银员扫描可口可乐商品时，扫码器发出的是可口可乐的主题曲！简单的几个音节，给无聊中排队的人带去一丝欢乐，出人意料的小惊喜赢得了消费者的好感培养了潜在客户。

小小的乐趣带来一天的好心情，这种新奇感传递出可口可乐 Open Happiness 的品牌形象。小小的音符通过社交媒体传播，可以与大多数同类商品形成形象上的差异，这正是市场竞争中最宝贵的东西。

比起大张旗鼓地广告宣传，开发平日里最容易被忽视的环节，会收到意想不到的效果。

互联网已经发生了一些变化，全球网民已经突破 40 亿。中国网民突破 8 亿，互联网已经与生活紧密结合，可以说是“网络生活化”或者“生活网络化”。随着互联网人群和现实消费者融为一体，在互联网上进行创新的时候就要把东西做得越来越简单，越来越方便，要像消费品一样让人容易使用。

第十一章

从线上到线下——O2O 商业模式

O2O 商业模式正在不知不觉中悄然改变我们的生活，孕育着极富创新性的商业模式本章将对从线上到线下的 O2O 商业模式进行详细介绍。O2O 早已成为电子商务网站的重要掘金点。

一、O2O 模式：线上营销、购买+线下经营、消费

O2O 即 Online To Offline，也就是说将线下商务的机会与互联网结合在一起，让互联网成为线下交易的前台。这样线下服务就可以在线上来揽客，消费者可以在线上来筛选服务，可以在线结算，很快达到规模。该模式最重要的特点是：推广效果可查，每笔交易可跟踪。在本地化、互动化方面，O2O 是大趋势。无论你知不知道 O2O，这个市场早已被迅速激活。

从团购网站的发展来看，O2O 模式被证实可以被消费者接受。因此，团购用低价推销的模式，即 O2O 模式的魅力一经推出便迅速显现。O2O 的应用模式如图 11-1 所示。

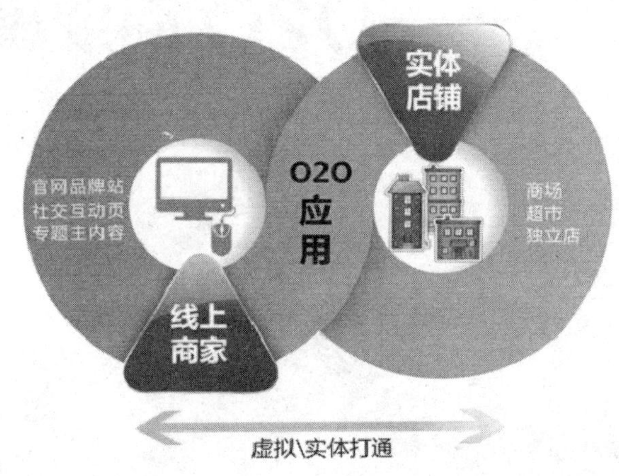

图 11-1　O2O 应用模式

O2O 模式打开的是一个万亿元级别的市场。美国线上消费只占 8%，线下消费的比例依旧高达 92%；而中国的这一比例，分别为 3%和 97%。中国电子商务研究中心调查显示网购消费只占消费者支出的一小部分，餐馆、理发店、干洗店、服装定制、KTV 这些与生活息息相关的服务消费才是占据最大比重的，而这些服务必须要消费者到实体店去享受。由此可见，将线上客源与实体店消费对接蕴含着巨大商机，生活服务类的网销市场或将比货物网销潜力更大。

O2O 模式存在着巨大的潜在风险，具体表现如图 11-2 所示。

O2O 模式的风险

- O2O 模式并非简单的互联网模式，此模式的实施对企业的线下能力是一个艰难的挑战
- 大多数 O2O 模式的企业并不能掌握线下服务的质量，只相当于一个第三方中介，在中间起到协调作用
- O2O 模式以价格优势吸引消费者，商家权衡线上价格与线下价格的差异，同时保证两方消费者的利益，或更重视哪方的消费者才能吸引到最大客流量是个难题

图 11-2 O2O 模式存在的风险

（1）O2O 模式并非简单的互联网模式。O2O 模式作为线下商务与互联网结合的新模式，解决了传统行业的电子商务化问题。但是，此模式的实施对企业的线下能力是一个不小的挑战。

O2O 模式的关键点就在于，平台通过在线的方式吸引消费者，但真正消费的服务或者产品必须由消费者去线下体验。O2O 的优势如图 11-3 所示。

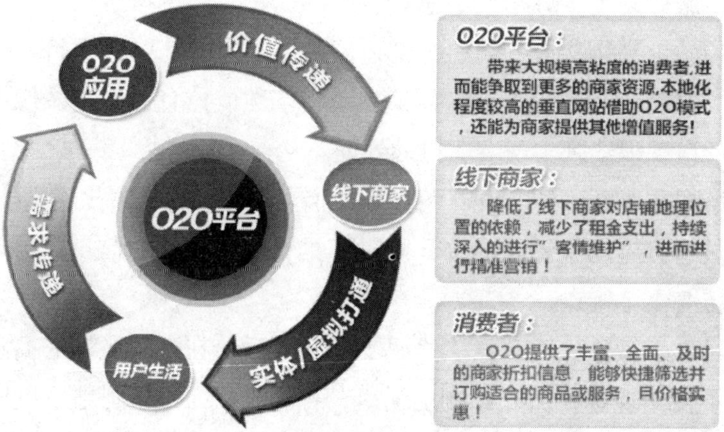

图 11-3 O2O 的优势

对于 O2O 模式而言，线下的主体多半是服务类型的企业，而国内服务存在各种不规范的运营，距离稳定完善的服务相去甚远，因此如何保障线上信息与线下商家服务对称，是 O2O 模式发展过程中需要重点关注的问题。

（2）大多数 O2O 模式的企业并不能掌握线下服务的质量，只相当于一个第三方中介，在中间起到协调作用。

在线支付、线下体验，很容易造成“付款前是上帝，付款后是奴隶”的窘境。比如线上购买的服装、电子产品等，一旦质量低于预期，甚至极为低劣，消费者会处于非常被动的境地。而体验式服务没有良好的口碑和信誉也很难获得规模化的发展。

（3）O2O 模式以价格优势吸引消费者，商家权衡线上价格和线下价格的差异，同时保证两方消费者的利益，或更重视哪方的消费者才能吸引到最大客流量是个难题。

线下能力的高低是由线上用户的黏度决定的，因此拥有大量优势用户资源，本地化程度较高的垂直网站将借助 O2O 模式成为角逐电子商务市场的主力军。

二、二维码：线下到线上的“入口”

二维条码/二维码（2-dimensional bar code）是用某种特定的几何图形按一定规律在平面（二维方向上）分布的、黑白相间的、记录数据符号信息的图形；它在代码编制上巧妙地利用构成计算机内部逻辑基础的“0”、“1”比特流的概念，使用若干个与二进制相对应的几何形体来表示文字数值信息，通过图像输入设备或光电扫描设备自动识读以实现信息自动处理。

它具有条码技术的一些共性：每种码制有其特定的字符集；每个字符占有一定的宽度；具有一定的校验功能等，同时还具有对不同行的信息自动识别功能及处理图形旋转变化等特点。

自从支付宝、微信先后开通二维码支付功能后，在全国各地的商超饭馆，越来越多的人不使用现金，而开始掏出手机，打开付款二维码付账。同时，二维码也开始成为广告主们的新舞台，公交地铁上越来越多的广告添加了对应 APP 下载的二维码，公众只要扫描便可以轻松下载应用，这让二维码更加普及。

二维码的优势如图 11-4 所示。

（一）高密度编码，信息容量大

二维条码比一维条码记载数据量更多，它是一种高密度、高信息含量的便携式数据文件，是实现证件及卡片等大容量、高可靠性信息自动存储、携带并可用机器自动识读的理想手段，而且可以记载更复杂的数据

（二）容错能力强，具有纠错功能

二维码采用了世界上最先进的数学纠错理论，如果破损面积不超过 50%，条码由于玷污、破损等所丢失的信息可以被照常破译

（三）保密、防伪性能好

二维码具有多重防伪特性，它可以采用密码防伪、软件加密及利用所包含的信息如指纹、照片等进行防伪，因此具有极强的保密防伪性能

（四）编码范围广

二维码可以将照片、指纹、掌纹、签字、声音、文字等凡可数字化的信息进行编码

（五）译码可靠性高

普通条码的译码错误率约为百万分之二，而二维码条码的误码率不超过千万分之一，译码可靠性极高

（六）成本低，易制作，持久耐用

利用现有的点阵、激光、喷墨、热敏/热转印、制卡机等打印技术，即可在纸张、卡片、PVC、甚至金属表面上印出二维条码。由此所增加的费用仅是油墨的成本，因此人们又称二维码是“零成本”技术

图 11-4　二维码的优势

条码符号的形状可变。同样的信息量，二维码的形状可以根据载体面积及美工设计等进行自我调整。

随着二维码应用的领域越来越广泛，除了支付应用之外，在其他的领域也得

到了充分的应用，如优惠券、电子票务等。另外，随着二维码的应用场景越来越广泛，用户二维码的使用熟练程度会越来越强，用户数量也会越来越多，从而将会进一步推动二维码支付的发展。

三、打车软件：智慧出行下的网约车

打车软件是一种智能手机应用，乘客可以便捷地通过手机发布打车信息，并立即与抢单司机直接沟通，大大提高了打车效率。如今各种手机应用软件正实现着对传统服务业与原有消费行为的颠覆。

网约车行业的几个用户量较大的平台滴滴出行、神州专车、易道、首汽约车有其各自的用户群体、发展模式。2010 年最早的网约车易道上线，2012 年滴滴上线之后，网约车开始逐渐渗透全网。早年的网约车市场由滴滴打车和快的打车两雄争霸，随着（前）Uber 在 2014 年 2 月的入局，网约车市场迎来了一轮爆发式的扩张和洗牌，最终以快的和 Uber 先后被滴滴收购而告一段落。

现在，易到用车满血复活，首汽约车携政策优势攻城略地，神州专车高端市场领先滴滴，曹操专车来势汹汹，甚至美团也高调进入网约车市场，而目前全国获得网约车牌照的平台已经达到 25 家。截至 2017 年 12 月，中国仅网约专车和快车用户规模已超 2 亿，整体增速迅猛。其中，网约车用户（不含网约出租车）规模增长了 40.6%，网约出租车用户规模增长了 27.5%。

网约车市场的竞争，虽然没有了发展初期烧钱补贴的疯狂，但硝烟一直弥漫在一二线城市的战场。

网约车行业目前主要的经营模式是 B2C 和 C2C，但大部分网约车平台并不会拘泥于其中一种模式。比如，滴滴出行涉及的领域就有快车、专车、出租车、单车等多个板块，满足用户在不同使用场景下的出行需求，而其他的网约车 App 则更专注于垂直细分领域。

此外，滴滴出行等网约车平台正在加大对 AI 交通技术的投入，加速推进国际化包括新能源汽车服务在内的创新业务。发展智能交通技术或将是网约车行业未来一段时间的必然趋势。

四、外卖："互联网＋"下的餐饮服务

所谓外卖，就是卖东西给顾客带出店外。"外卖"在古代其实就已经开始了，打包形式是最早出现的外卖形式，虽然古老，却延续至今。随着电话和网络的普及，使得外卖得到了迅速发展，也变得更加规范化。

随着餐饮行业竞争的加剧，越来越多的餐饮企业将重点放在了餐品的外送上。相关调查数据显示，一些餐饮店通过网络销售的外卖销售额，甚至超过实体店。

随着生活质量的逐步提升，外卖不仅提供送餐服务，更可以满足消费者生活方方面面的需求。用户的外卖选择正在从单一的餐饮品类扩展到全品类，其中生鲜果蔬、甜点饮品、生活超市等类目的订单量正在快速增长，增长率均高于 200%。外卖消费时段也因此得到延长，除午餐、晚餐外，早餐、下午茶、夜宵等时段也成为用户需求的高峰期。

2017 年，全国有近 2 亿单身人群，1.3 亿在美团叫过外卖，393 万人年度订单数高于 100 次，平均每周叫 2 次外卖，其中有 8 万人每天叫一次外卖。在年轻人群当中，加班族与单身人士的用餐也大量依靠于外卖平台。外卖成为 2322 万加班族的"深夜食堂"，晚 7 点后定外卖到工作地点的依旧大有人在。

目前美团外卖的在线商家已超 270 万，但是在整体的餐饮商家数量中占比只有 32%。传统餐饮商家需要积极转型，拥抱互联网+外卖，充分利用互联网外卖的平台流量和资源实现线上+线下协调发展。

餐饮外卖经过了近几年的发展，在经历了激烈的补贴大战之后已经逐渐褪去了发展初期的热潮，进入平稳发展阶段。餐饮外卖的中小平台在补贴大战中陆续被挤出，外卖企业的市场份额渐趋稳定，以美团、饿了么和百度三家占据市场份额的主要地位。三大互联网巨头腾讯、阿里和百度也纷纷看好餐饮外卖市场，积极参与餐饮企业融资和并购，抢占市场份额。

2017 年 8 月 24 日，饿了么正式宣布收购百度外卖。自此，在线外卖市场由饿了么、美团和百度的"三足鼎立"之势转变为饿了么和美团两家企业的分庭抗礼。此次收购百度外卖，饿了么主要看中的是百度外卖在线餐饮定位高端的用户市场，收购百度外卖弥补了其高端市场的用户空缺。

在外卖飞速发展的今天，外卖成为快节奏的工作运转中职场人的不二选择，

为忙碌的职场人“解放双腿”。在如今外卖“野蛮”生长的情况下，把握住机遇和方向的企业才能建立核心竞争力。

五、O2O 创业：抓住切入点是关键

O2O 创业抓住切入点如图 11-5 所示。

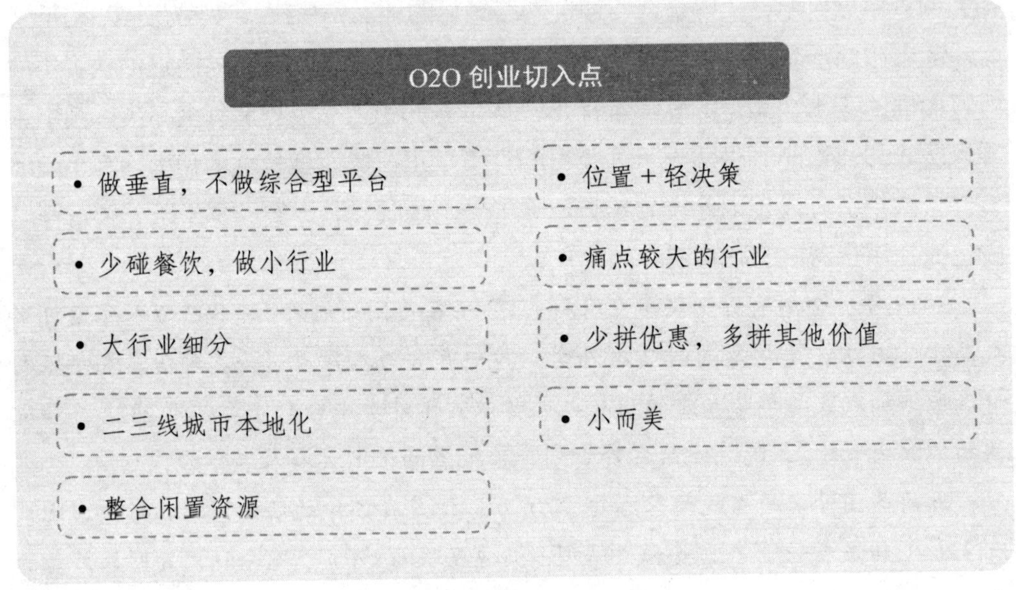

图 11-5　O2O 创业的切入点

（一）做垂直，不做挡巨头路的综合型平台

要做好一个综合型的 O2O 平台，不是像团购花几百元钱买个模板，然后谈几个商家就上线。对于一般创业者来说，尽量不要试图去挡巨头的路，选择一个垂直行业，做出巨头们不能达到的深度。

（二）少碰餐饮，做小行业

2013 年，O2O 备受追捧。餐饮作为 O2O 市场规模最大的领域，一开始就受到了诸多关注。美团网占据半壁江山，大众点评紧随其后，二者的市场份额超 7 成，凶猛异常；餐饮外卖市场在接近年关的时刻突然打响，在线订餐平台“饿了

么”融资 2 500 万美元的消息一放出，如重磅炸弹再一次燃起了 O2O 的热火。

随即不久，阿里与美团也上线了专门的 O2O 外卖业务部——淘宝点点与美团外卖。于是，整个餐饮 O2O 市场的战火从团购延伸到了外卖领域。

餐饮 O2O 无疑是目前竞争最白热化的一个领域，包括众多巨头在内，大家都主要在盯着餐饮，对于资金、资源实力一般的创业团队，建议尽量避开餐饮 O2O。

（三）大行业细分

现在创业模仿淘宝、团购等模式似乎有些太晚了，尝试挖掘一些小众、个性化的需求，或者融入社会化元素进行一些创新，用 O2O 手段满足消费者的需求，趋向细分化和个性化。

（四）二三线城市本地化

目前来说，二三线城市的 O2O 对创业者来说有一定的窗口期，在短时间内电商巨头无暇顾及这些城市，利用这个时机发展，即使日后电商巨头发展到这些地域，本地的创业团队也有实力与其抗衡。很多大型的全国性的团购网站，在一些城市一败涂地。

（五）整合闲置资源

提供线下没有实体店的服务，这种服务提供者对线上营销的需求更强烈。而且，这些服务也确实存在一定的闲置资源。这有些类似淘宝的 C2C 模式，不过它们做的不是产品而是服务，淘宝之所以先 C2C 模式，再发展天猫，很大程度上就在于闲置资源更利于整合，而起步阶段撬动客户是最难的。

（六）位置+轻决策

移动互联网近两年快速发展，O2O 也成为关注的热点，目前大家所公认的移动互联网，O2O 是少有的几个主要盈利模式之一。而通过移动互联网来实现 O2O，目前基本上只有“位置”这一条路稍微可行。

目前用户通过手机来选择和购买的是一些轻决策，比如吃饭、唱歌、美甲等，这些决策对位置的要求比较迫切，就近原则是最大的考虑范围。而大的决策例如买房等，一般不会通过手机来决策。用户对这类服务的位置要求不高，在西城住的用户完全可以去东城买房。

（七）痛点较大的行业

很多服务行业都存在一些痛点，例如餐饮业，大众点评等平台已经约束商家，提升了不少消费体验，因此痛点就相对小一些。

58 同城等分类信息网站上的那些服务行业痛点都比较大，因为这些交易没有点评，哪怕是非真实的也没有，只是一些混杂的信息罗列。对这类服务的 O2O，用户体验的提升空间比较大，能更容易地吸引用户甚至改变用户的习惯。

（八）少拼优惠，多拼其他价值

很多人做 O2O 都还是团购的思维，只是一味地用优惠来吸引用户，经常就是商家优惠、打折、让利。用户因低价而购买，而单纯地靠优惠来吸引用户，对商家来说并没有太长远的价值，所以团购因为超低折扣可以说是形成了一个恶性循环：价格太低，商家没有利润可言，导致商家服务积极性差，从而用户体验差，用户不买，商家不服务，团购网站因此倒闭。

除了开发优惠这类硬件，还可以在一些软件上打动顾客，例如贴心的体验，快捷的服务，安全的交易，甚至是特权的享受等，尽可能维持合理的、不以牺牲商家服务质量为代价的优惠。

（九）小而美

O2O 创业并不是规模越大越好，相反，小一点儿、精致一点儿更能赢得好口碑，不靠让利寻找消费者，而是用服务吸引用户。这样利润空间有保障了，商家的价值也就增加了，认真做好服务质量的同时，保障用户的消费体验。

美团网成立于 2010 年 3 月 4 日，是目前国内最大的生活服务类电子商务公司之一。2017 年美团点评交易额达 3600 亿元，收入达 330 亿元，线上日订单量峰值超过 2700 万，额外的还有线下超过 700 万单的交易。

从早期的团购，到外卖，再到酒店和网约车，以及共享单车，美团业务扩张背后是美团领导者基于 O2O 的战略布局。

从表面来看，美团的商业模式并没有什么独特的优势，与其他 O2O 平台一样，是一个连接了商家和消费者的互联网平台。殊不知，美团以消费者为中心的战略布局，已经成为美团的护城河。

早期，借助团购的业务布局，美团成功地吸引了规模庞大且不断增长的用户群体，提升用户黏性。最近两年，美团紧紧围绕消费者持续演变的消费习惯，进行业务扩张，在外卖业务的基础上延伸出猫眼电影票、酒店等业务。新业务的扩张也让美团的用户粘性不断提高。自 2015 年至 2016 年，交易用户人均每年交易笔数从 10.4 笔提升至 12.9 笔，在 2017 年进一步提升至 18.8 笔，其中，按交易笔数排名前 10%的头部用户人均每年交易笔数达到 98 笔。随着网约车业务在更多城市的落地，从线下餐饮到酒店住宿就形成了一个完整的消费闭环。现在共享单车解决了用户最后一公里的出行，与网约车业务形成了一个完整的出行闭环。再加上酒店业务和旅游业务，以及猫眼平台，美团成为一个集出行、餐饮和娱乐一体的综合性 O2O 平台。

对美团而言，其所处的生活服务业依然具有巨大的发展前景，而作为行业的领先者，美团已经占据了优势地位，对其而言一切才刚刚开始。美团点评提交 IPO 招股书，是这个巨大市场征途里的一次重要的期中考试。

第十二章

大数据时代的新金融——互联网金融

互联网金融已成为当下最热门的话题，那么什么是互联网金融？仅仅是互联网和金融业的简单结合吗？互联网金融时代的到来，无疑剧烈地冲击着被传统金融巨头把控的金融领域，当“互联网”撞上“金融”，将会迸发出怎样的火花？新兴的互联网金融机构将取得什么样的发展？传统金融业会不会成为互联网金融时代一只倒下的“恐龙”？

一、第三方支付：线上交易的大本营

第三方支付，就是一些和产品所在国家以及国外各大银行签约，并具备一定实力和信誉保障的第三方独立机构提供的交易支持平台。第三方支付采用支付结算方式，在社会经济活动中，结算归属于贸易范畴。贸易的核心是交换。

为迎合同步交换的市场需求，第三方支付应运而生。第三方是买卖双方在缺乏信用保障或法律支持的情况下的资金支付“中间平台”，买方将货款付给买卖双方之外的第三方，由第三方提供安全交易服务，其运作实质是在收、付款人之间设立中间过渡账户，使汇转款项实现可控性停顿，只有双方意见达成一致才能决定资金去向。

第三方担当中介保管及监督的职能，并不承担任何风险，所以确切地说，这是一种支付托管行为，通过支付托管实现支付保证。

相对于传统的现金交易方式，第三方支付可以有效保障货物质量、交易诚信、退换要求等环节，在整个交易过程中都可以对交易双方进行约束和监督。在不需要面对面进行交易的电子商务形式中，第三方支付为保证交易成功提供了必要的支持。

随着央行对第三方支付机构加强监管及产业环境发生重大变化，目前多家第三方支付公司已成立数据公司、金融公司以及电商公司，从单纯支付业务的提供商转型为综合金融服务提供商。

支付将不再仅仅承担原本单一的收、付款功能，而是可以与财务管理、金融服务、营销管理等各类应用场景进行叠加，从而让支付的效应得以延展，让企业的整体效率得以持续提升。

移动互联网与O2O迅猛发展，用户的消费行为也在迅速发生变化，第三方支付公司开始基于支付进行行业的转型和突围。支付捆绑了商户最真实的资金流和信息流，是一座有待开采的巨大金矿，如果仅仅停留在支付本身的业务层面，无疑是对资源的极大浪费。

广大线下商户愈发渴望具备电商一样的营销能力，以吸引周边客户到店消费，以及实现线上到线下的导流，这成为商户最为关注的重要能力。如何将进店消费的客户沉淀下来，并进行二次营销，最终实现按消费金额支付营销费用，始终是困扰线下商户的难题，而第三方支付正在瞄准这一商机。

继淘宝、京东、当当下乡刷墙，强势进军农村市场之后，电商界再次风起云涌。2011年，苏宁云商集团股份有限公司全资成立一个独立的第三方支付公司——南京苏宁易付宝网络科技有限公司；2012年，易付宝取得人民银行颁发的第三方支付业务许可证，其业务范围涵盖B2C购物、生活服务、航旅机票等众多领域。

实际上，不仅仅是苏宁，几乎每家电商都在积极打造自己的支付平台。除了我们熟知的支付宝之外，百度旗下有“百度钱包”；腾讯于2005年正式推出“财付通”；京东于2012年收购了网银在线，并于2014年3月正式推出了自己的支付平台“网银钱包”，2015年4月京东“网银钱包”正式更名为“京东钱包”。

大型的电商必须有第三方支付工具。假如只有淘宝，没有支付宝，那么淘宝的东西是没有人去购买的。

重推自己的支付平台，并不仅仅只是为了对交易双方进行约束和监督，随着技术的创新，未来不一定就是手机，并且支付还是一个重要的制高点，因此打造属于自己的支付平台，对于企业的长远发展是大有裨益的。

二、支付宝：快捷的第三方支付

支付宝是全球领先的第三方支付平台之一，成立于2004年12月，致力于为用户提供“简单、安全、快速”的支付解决方案，旗下有“支付宝”与“支付宝钱包”两个独立品牌。

支付宝公司上级主管部门为中国人民银行。2011年，支付宝获得了由中国人民银行颁发的国内第一张《支付业务许可证》。支付宝与国内外180多家银行以及VISA、MasterCard国际组织等机构建立战略合作关系，成为金融机构在电子支付领域最为信任的合作伙伴。

开通支付宝可以完成支付留学费。用户只要登录Uni-pay或PeerTransfer就可使用支付宝支付留学费。全球支持这一服务业务的海外大学包括有麻省理工、康奈尔、利兹、杜伦大学、利兹大学、曼彻斯特等300多家。

2009年1月15日，支付宝推出信用卡还款服务业务，国内39家银行发行的信用卡均予支持，是最受欢迎的第三方还款平台。

2010年，支付宝E公益平台上线，公益机构可以自主发布公益项目，通过全民力量推进公益进一步透明化发展。

2013年，支付宝钱包推出服务窗功能，以及“爱心捐赠”公益应用，利用移动互联网技术，使公益捐赠透明度和成效度得到进一步提升，一个移动公益时代正式开启。

从2013年12月开始，多家连锁便利店企业陆续全面支持支付宝支付，与此同时，北京出租车司机开始接受支付宝支付打车费。随后，万达影院、大悦城、王府井等全国大型零售企业以及电影院、KTV和餐饮企业等接入支付宝。2016年11月1日，支付宝入驻苹果App Store。中国大陆用户已经能在App Store的付款方式和充值两个地方看到支付宝的加入，可以用于购买应用，给账户充值，或给Apple Music等订阅服务付费等。

除此之外，支付宝还有“海淘”购物付款、海外退税、海外转运等功能。2016年2月6日，支付宝宣布，已与欧洲4家金融服务机构签署合作协议，致力于为赴海外旅游的中国消费者提供服务。

很多人愿意选择使用支付宝，第一是因为支付宝线上支付和线下支付都很方便快捷。第二是因为支付宝不单单是一款支付软件，更是一款集公共事业缴费、理财、贷款、商家服务等多功能为一体的支付平台。第三是因为支付宝不定时地开展返现、送红包等活动，让用户享有一定的优惠，这些都是其他第三方支付平台没办法比拟的。

根据相关统计报告显示，2018年第一季度，中国第三方移动支付市场交易环比增长6.99%，总交易规模达到了403645.1亿元人民币。在超过40万亿的第三方移动支付市场中，支付宝占据了53.76%的市场份额，中国第三方移动支付市场支付宝和腾讯金融二者的市场份额达到了92.71%，占据绝对主导的地位。

2016年末2017年初，支付宝就展开了一系列的动作，先是推广收款码，线下10万推广员参与推广，后期又推出收钱码进行全民推广发奖励。这些手段的确也给支付宝带来了回报，第三方咨询公司易观发布的2017年第3季度第三方移动支付市场份额，支付宝以53.73%的份额再次成为移动支付的龙头老大。

2017年以来，支付宝在移动支付方面进行了紧锣密鼓的布局，无论是对线下数以千万计的小商户，还是对消费者喜爱的便利商超、公交出行等小额高频的场景都加强了布局，影响了用户的支付习惯。可以看得出来，因为支付宝的灵活性、多变性、便捷性，越来越多的人喜欢使用支付宝这个移动支付平台。

三、余额宝：从银行“虎口夺食”的理财神器

余额宝是由第三方支付平台支付宝为个人用户打造的一项余额增值服务。截至 2017 年 12 月 31 日，余额宝用户共计 4.74 亿人，其中绝大多数是个人投资者，持有份额占比 99.94%，平均每人持有 3329.57 元。2017 年，余额宝实现利润 524 亿元，平均每天赚 1.44 亿元，收益率 3.92%。

2018 年 5 月份，余额宝宣布引入新基金，开启分流模式，结束了“天弘基金”一家独大的局面，相继引入了博时基金、中欧基金、华安基金、国泰基金和景顺长城景益共五只货币基金。余额宝迎来了“分流”模式，让用户自由选择升级。

通过余额宝，用户不仅能够得到收益，还能随时消费支付和转出，像使用支付宝余额一样方便。用户在支付宝网站内就可以直接购买基金等理财产品，同时余额宝内的资金还能随时用于网上购物、支付宝转账等支付功能。

转入余额宝的资金在第二个工作日由基金公司进行份额确认，对已确认的份额会开始计算收益。余额宝实质是货币基金，仍有风险。

把钱转入余额宝中，就可以获得一定的收益。其特点是，支持支付宝账户余额支付、储蓄卡快捷支付（含卡通）的资金转入，而且不收取任何手续费。通过“余额宝”，用户存留在支付宝的资金不仅能拿到“利息”，而且和银行活期存款利息相比收益更高。

余额宝的风险表现如图 12-1 所示。

1 货币型基金的收益并不是固定的，余额宝也是如此，如果货币市场表现不好，货币性基金收益也会随之下降，余额宝的收益是来自货币基金市场收益，并非支付宝支付

2 支付宝推出余额宝实际上为了提升用户的粘度，把用户闲散的活期存款吸引到支付宝中的余额宝，方便用户在淘宝购物，一定程度上会危及银行的利益

图 12-1　余额宝存在的风险

3 余额宝并没有提醒用户货币基金的投资风险，一旦余额宝用户因收益发生争执，法律纠纷很难避免，由此引发的影响很难估计

4 按照央行对第三方支付平台的管理规定，支付宝余额可以购买协议存款，能否购买基金并没有明确的规定。从监管层面上来说，余额宝并不合法。一旦监管部门发布禁令，余额宝有可能会被叫停

图 12-1 余额宝存在的风险（续）

四、P2P：借贷的网上交易

网络借贷指的是借贷过程中，资料与资金、合同、手续等全部通过网络实现，它是随着互联网的发展和民间借贷的兴起而发展起来的一种新的金融模式，这也是未来金融服务的发展趋势。

网络借贷平台，是 P2P 借贷与网络借贷相结合的金融服务网站。P2P 借贷是 peer to peer lending 的缩写，即由具有资质的网站（第三方公司）作为中介平台，借款人在平台发放借款标的，投资者进行竞标向借款人放贷的行为。

P2P 网络借贷平台在英美等发达国家发展已相对完善，这种新型的理财模式已逐渐被身处网络时代的大众所接受。一方面出借人实现了资产的收益增值，另一方面借款人则可以用这种方便快捷的方式满足自己的资金需求。

随着中国的金融管制逐步放开，在中国巨大的人口基数、日渐旺盛的融资需求、落后的传统银行服务状况下，这种网络借贷新型金融业务有望在中国推广开来，获得爆发式增长，得到长足发展。

P2P 平台作为中介，不吸储，不放贷，只提供金融信息服务，由合作的小额贷款公司与担保机构提供双重担保。典型代表例如手机贷，此类平台的交易模式多为“1 对多”，即一笔借款需求由多个投资人投资。

此种模式的优势是可以保证投资人的资金安全，由中安信业等国内大型担保机构联合担保，如果遇到坏账，担保机构会在拖延还款的第二日把本金与利息及时打进投资人账户。

过去几年，P2P 理财高额的投资回报让很多人获得了高收益。2015 年，国内

P2P 网贷行业历史累计成交额首次突破万亿元，到 2018 年 6 月，P2P 网贷历史累计成交额已突破 7 万亿元。

收益与风险并存，P2P 的高收益是其火爆的主要原因。P2P 相较于银行的理财产品而言，其本身的收益优势十分明显，P2P 主流平台收益率都在 10%左右，远高于银行等理财产品。同时，P2P 投资门槛低，大部分的网贷平台低至 100 元，相比于信托和理财产品、股票、外汇、金融等，P2P 理财不需要完备的专业金融知识，是低门槛的大众理财产品，公众的接受度也更高。

P2P 最有魅力的地方在于资金的高效运作和周转，这一点是传统金融业务无法做到的一点，也将会成为冲击传统金融的必杀技。如果你的风险偏好是 A 级，网络上可以采取自动投标的方式或者标的提醒的方式进行续投，这样前期获得的利息马上又可以转化成投资的本金。实际上，很多项目年化收益在 30%～40%，但是如果按照复利来计算，收益还要高于 30%。每个标投 24%，网贷就可以实现。

只要 P2P 行业更多地关注行业的监管细则，再加上行业本身的规范自律，P2P 网络借贷平台会再迎来新的春天。

五、众筹：团购+预购的资金募集模式

众筹，即大众筹资或群众筹资，是指用团购+预购的形式向网友募集项目资金的模式。众筹利用互联网和 SNS 传播的特性，让小企业、艺术家或个人对公众展示他们的创意，争取大家的关注与支持，进而获得所需要的资金援助。

众筹由发起人、跟投人、平台构成，具有低门槛、多样性、依靠大众力量、注重创意的特征，是指一种向群众募资，以支持发起的个人或组织的行为。一般而言是通过网络上的平台联结赞助者与提案者。群众募资被用来支持各种活动，包含灾害重建、民间集资、竞选活动、创业募资、艺术创作、自由软件、设计发明、科学研究以及公共专案等。

现代众筹指通过互联网方式发布筹款项目并募集资金。相对于传统的融资方式，众筹更为开放，能否获得资金也不再是由项目的商业价值作为唯一标准。只要是网友喜欢的项目，都可以通过众筹方式获得项目启动的第一笔资金，为更多小本经营或创作的人提供了无限的可能性。

众筹最初是艰难奋斗的艺术家们为创作筹措资金的一个手段，现已演变成初创企业和个人为自己的项目争取资金的一个渠道。众筹网站使任何有创意的人都能够向几乎完全陌生的人筹集资金，消除了从传统投资者和机构融资的众多障碍。

众筹成功的关键要素如图 12-2 所示。

（一）众筹的筹集天数

众筹的筹集天数应该长到足以形成声势，又短到给未来的支持者带来信心。在国内外众筹网站上，筹资天数为 30 天的项目最容易成功

（二）目标金额合乎情理

目标金额的设置需要将生产、制造、劳务、包装和物流运输成本考虑在内，然后结合本身的项目设置一个合乎情理的目标

（三）支持者回报设置合理

对支持者的回报要尽可能地价值最大化，并与项目成品或者衍生品相配，而且应该有 3～5 项不同的回报形式供支持者选择

（四）项目包装

有视频的项目比没有视频的项目多筹得 114%的资金。而在国内的项目发起人，大多不具有包装项目能力

（五）定期更新信息

定期进行信息更新，以让支持者进一步参与项目，并鼓励他们向其他潜在支持者推荐你的项目

（六）鸣谢支持者

给支持者发送电子邮件表示感谢或在您的个人页面中公开答谢他们，会让支持者有被重视的感觉，增加参与的乐趣，这点也常常被国内发起人忽视

图 12-2　众筹成功的关键要素

第十三章

掌中商战的顶级营销策略——微信营销

2018 年第一季度，腾讯宣布微信用户数量首次突破 10 亿，达 10.4 亿。在移动社交应用风靡全球的今天，微信无疑已经成为商家热捧、专家推荐、公众依赖的信息传播工具和商业营销工具。

一、微信营销：微信打开 7 大“新商机”

微信是一种快速的即时通信工具，私密性和功能性完美结合，与传统的短信沟通相比，具有零资费、更灵活的优势，并且具有跨平台沟通、显示实时输入状态等功能。2018 年第一季度，微信注册用户量已达 10.4 亿。

微信营销是网络经济时代企业营销模式的一种，是伴随着微信的流行而兴起的一种网络营销方式。微信不存在距离的限制，用户注册微信后，可与周围已注册的“朋友”形成一种联系，订阅自己所需的信息，商家通过提供用户需要的信息来推广自己的产品，从而实现点对点的营销。

微信不仅仅是某项业务，还是一种商业行为，一个平台，一个可以容纳各种内容与应用的平台。毫不夸张地说，微信是继微博之后，又一个深刻改变互联网信息入口，影响网民获取信息渠道的互联网应用。在瞬息万变的互联网时代，微信不仅为人们打开了更广阔的沟通大门，还为营销注入了鲜活、强大的能量。

商家通过微信公众平台二次开发系统展示商家微官网、微会员、微推送、微支付、微活动、微 CRM、微统计、微库存、微提成、微提醒等，形成一种主流的线上线下微信互动营销方式。

微信这种一对一的交流方式具有很好的互动性，精准推送信息的同时更能形成一种朋友关系。作为自媒体平台，微博的传播广度与速度惊人，但是传播深度及互动深度不及微信。借助微信平台开展客户服务营销成为继微博之后的又一新兴营销渠道。

如何让目标人群产生依赖性是微信营销的策划重点。微信之前，国外的产品进不来，本土的产品出不去，中国互联网产品形象地被称为“孤岛综合征”。微信的横空出世，被《纽约时报》评价为“正积极尝试扭转中国本土互联网产品无法推向世界的命运”。

微信的商机主要表现在如图 13-1 所示的几个方面。

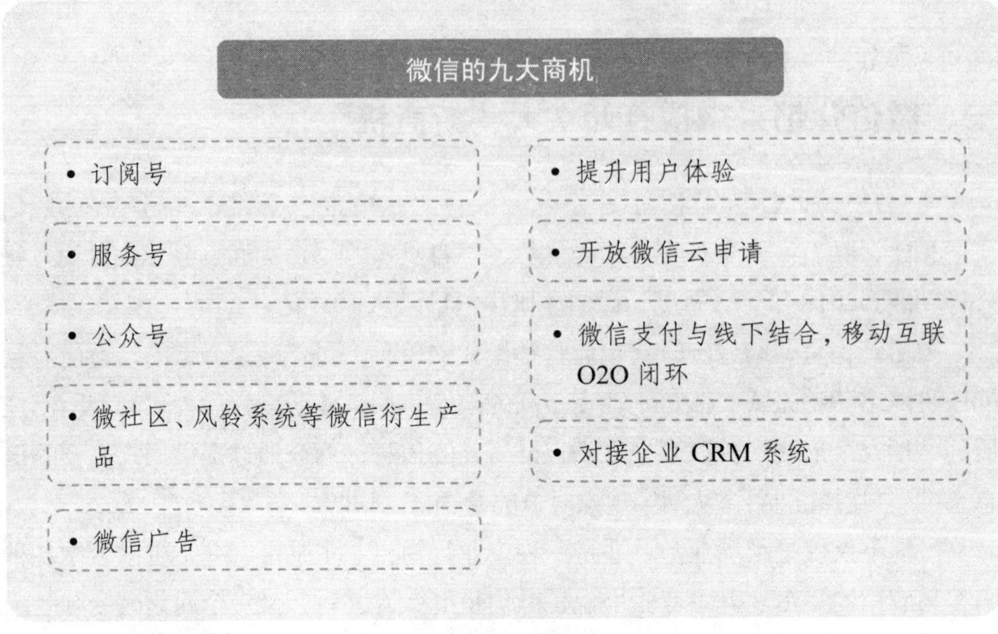

图 13-1 微信的商机

（一）微信必须控制订阅号的内容方向，否则订阅号将成为下一个舆论的爆发地。

（二）微信应进一步扶持服务号，推动服务号 C2C 的大力发展，微信商业化的进度正在全面推进，如微购物、微店、微商城切入，服务号开通菜单功能和微信支付功能等。

（三）微信用户开始关注微信公众号，微信将进一步控制微信公众号，整体提升微信用户的体验。

（四）微社区、风铃系统作为微信的衍生产品，已经成为微信公众号运营者的福音，在未来的微信生态中，为满足和延伸粉丝的需求，提升粉丝的阅读体验，运营将成为微信操盘的最重要环节。

（五）微信在 2014 年 2 月份左右开始灰度测试广点通文字链广告，仅有部分微信号有灰度测试权限（灰度测试，就是指用于检验系统是否稳定可靠，满足上线要求，需要收集和分析性能数据来决定是否上线的测试）。

（六）微信将重点提升个人用户的体验，同时为普通微信公众号运营者提供新的机会点。重新定位朋友圈生态链，目前朋友圈信息传播太广，阅读者无法精准定位信息，微信将在朋友圈中增加检索和订阅功能。

（七）微信在腾讯云的基础上开放了微信云的申请，将对微信整体开发领域进行整理。微信将全面规范化，微信云的开发者会获得更大的扶持。

（八）微信支付与线下结合，成为移动互联 O2O 的闭环，全面打通社交属性、位置属性、支付闭环、沟通体系，成为下一个增长点。

（九）将为大型的 CRM 提供更多的支持。微信对接企业 CRM 系统，公众账号背后的企业将能够通过这个接口为用户提供更个性化的服务。未来微信公众平台会提供更好的数据并开放更多的集成 CRM 管理解决方案，用户和企业各得其所：用户获得自己想要的内容和更好的个性化定制服务；为企业提供更多体验场景；为消费者提供更多高黏性工具，在重体验轻营销的道路上走下去。

微信时代，手机越来越大，电脑越来越小。手机上网时代的到来，众多软件商开始转移阵地，把赌注压在了手机客户端上。

二、微信公众号：好记+好输入=完美形象代言

微信公众号是开发者或商家在微信公众平台上申请的应用账号，该账号与 QQ 账号互通，通过公众号，商家可在微信平台上实现与特定群体的文字、图片、语音、视频的全方位沟通、互动，形成了一种主流的线上线下微信互动营销方式。

微信公众平台的开放，真正让微信营销形成体系。微信公众号主要面向名人、政府、媒体、企业等机构推出合作推广业务。在这里，机构可以通过微信渠道将品牌推广给上亿的微信用户，减少宣传成本，提高品牌知名度，打造更具影响力的品牌形象。

微信公众平台可以给关注者推送文字、语音、视频、图片以及多图文消息，推送的内容可以是重要通知、趣味互动或产品营销等。微信公众号的账号要简短、美观、便于记忆，而且要有标志性的二维码。我们转发到朋友圈的文章多是图文消息，当消息推送出去时，每位关注的用户都能收到，这便是微信最大的好处，直指用户，精准营销。

微信公众平台服务用户，可以更好地引导用户了解企业文化，参与品牌的互动活动，增加信息曝光率，最重要的是大幅度地降低了企业组织的营销成本，同时可以更好地帮助企业实体店实现 O2O。

微信未来最终会实现 O2O，即将线下商务的机会与互联网结合在一起，让互联网成为线下交易的前台。微信支付方便快捷，也会成为移动电商 B2C 和 C2C 平台，每个人都可能是微商。也许过不了多久，你的个人微信号也会出现货架和展示橱窗，你可以将闲置物品出售或者出租位置。

自 2012 年 8 月 18 日开通微信公众平台以来，各大品牌积极抢注。微信公众账号分为订阅号和服务号，运营主体是组织（比如企业、媒体、公益组织）的，可以申请服务号，运营主体是组织和个人的可以申请订阅号，但是个人不能申请服务号。面对两难选择，部分企业往往是双号运行。

双号战略是指企业既开通服务号，又开通订阅号。订阅号每天发一条消息，适合开拓新顾客、培养新顾客、促销产品，为企业创造利润。服务号每个月能发四次消息，适合服务老顾客。企业双号并用，既开拓新客户，又能维系老客户。

骆驼是淘宝上著名的商家，它开通了 4 个微信公众号，分别是女鞋、男鞋户外、服饰、官网。每个账号都会向用户推送鞋子、服装或户外用品的养护技巧和使用常识等内容，不定期举办限时竞答、抽奖等活动，让用户到淘宝店或官网上寻找答案。

另外，在人员分配上，每个公众号分别由不同部门的服装官方微博维护的员工监管经营，既负责内容编辑，也负责售后维护。推送的频率几乎都是每个工作日一条。推送信息太高，会加大工作量，从而导致内容不精细；并且还会给用户造成滋扰。掉粉是每个账号都会遇到的事情，涨粉和掉粉需保持正增长的关系。

企业微信简介一定要简单、好记，特别容易理解，最好让所有看完你介绍的人马上记住你。企业的微信简介一定要用最简单、最简洁的话语描述你会给用户提供什么服务或者是带来什么价值，这样才有利于发展目标用户群。

微信简介最好能突出账户特点，可以帮助客户解决什么问题或有优惠信息，最好不要写公司简介或公司主营业务。星巴克的微信账号简介是：获得更多咖啡知识，体验更多精彩活动，快加入微信里的星巴克第三生活空间吧！

微信公众平台更新后增加了微信小店功能。微信小店基于微信支付，包括添加商品、商品管理、订单管理、货架管理、维权等功能，开发者可使用接口批量添加商品，快速开店。

三、信息推送：想吸引客户？贴心战术最实用

信息推送就是“Web 广播”，是通过一定的技术标准或协议，在互联网上通过定期传送用户需要的信息来减少信息过载的一项新技术。推送技术通过自动传送信息给用户，以减少用于网络上搜索的时间。它根据用户的兴趣来搜索、过滤信息，并将其定期推送给用户，帮助用户高效率地发掘有价值的信息。

从技术而言，信息推送是一项以数据挖掘、自然语言处理以及互联网等多门技术为基础的综合性方向。将合适的信息推送给合适的人，是一项极具挑战的工作。这个过程需要对信息做充分的分析，对人的兴趣、行为做细致的刻画，并对两者进行有效匹配。

微信强推广告会引起用户不满，所以在信息推送的时候就掌握两个字“巧妙”。微信植入广告成本低、回报率高、到达率高，广告营销模式灵活，现场感强，受众数量庞大。

不动声色地植入广告，把营销与广告融入一个故事、场景或情节中，达到“随风潜入夜，润物细无声”的效果，让目标客户在不知不觉中接受你的产品并且在接收广告时获得娱乐性、知识性的收益，如此，植入广告就不再生硬。

在订阅号中有这样一个规则：最近更新内容会显示在最上面，所以把握推送信息的时间非常重要。微信推送要注意以下几个方面：

（1）数据分析。根据微信数据分析来进行规划，微信公众号后台可以对用户数据进行分析。如用户增减数据，用户性别、语言、省份、地理位置、使用的移动终端设备机型等，或者是图文消息的到达率、阅读率、转发、收藏率以及消息分析与接口分析等。通过这些数据分析可以更精准营销。

（2）具体问题具体分析。不同的营销对象要采取不同的策略。时间上，总体来讲午饭后、晚上睡觉前是发送消息最好的时机。但针对不同的群体又要区别对待。白领上班族，最佳的时间是八点到九点半，而学生，最佳时间是八点左右，休息日则是晚上时间最佳。

关注用户的需求是最重要的。微信是一个完整的生态链，要从用户需求中找到服务方向，从而达到双赢。

腾讯公司高级副总裁张小龙曾说过：“用户的需求才是最根本的，我们需要考

虑的是，怎么将产品与微信功能深度结合，给用户有趣、实用的体验，让用户也参与传播……”

大学一直是中国学生的伊甸园，来自五湖四海的学生们如何尽快融入大学新生活？面对繁杂的入学手续，如何了解流程并快速办理？新生报到，看各大院校如何接新生。

西安交通大学开通微信公众号：“步步入学 App”。

“步步入学”是西安交大网络中心推出的一套基于消息推送、智能地理位置导引的手机应用（App），利用“步步入学”手机应用提供个性化推送信息。从新生成为西安交大一员的那一刻起，它将指引新生如何到达学校，认识校园。

新生在家时，就能收到推送报到注意事项的提醒；新生抵达火车站或机场后，还能收到到校交通方式提醒的推送信息；进入学校后，报到地点与报到流程的提醒马上就发送到你的手机上；另外，还有个性化学习和生活信息的提醒。

西电科大为新生活量身打造了大学“预习课”。

“军训被子叠不成豆腐块会挨罚吗？”“开学的考试难不难？”……西安电子科技大学微社区里格外热闹，来自全国各地的上千名准新生都快“吵翻了天”，每天都有很多问题在这里热议。西安电子科技大学宣传部网络团队“雁塔校园传媒”的学生骨干们利用微博、微信等渠道，开展了一系列的网上迎“亲”活动。

西北工业大学在微信“小瓜工大助手”开通“新生小瓜帮”专题，比如如何做学霸、军训注意啥等，“新生小瓜帮”给你支招。图 13-2 所示为“新生小瓜帮”为新生推送的内容。

有了这些，新生小瓜们就不用发愁了。

图 13-2 “新生小瓜帮”推送的内容

四、微信内容：吸引人才是硬道理

微信作为一个新媒体社交工具，它的价值远远超过了微博。因为用户庞大，分享的信息容易让人感兴趣，公众号分享内容会吸引更多人分享内容。因此，微信的内容要有实用性、贴近性、趣味性，并满足粉丝分享的满足感、炫耀感。粉丝主动分享，辐射到用户关系链上的好友，促进更多基于真实关系的传播。

微信关注的类别千姿百态，微信公众号确实很难赢得所有人的芳心，生存的关键便是如何在自己的领域保留用户持久的关注。

用户关注度最高的微信账号是新闻、财经、科技，信息的权威性决定其所有者多为实体组织或媒体。微信改变了网民获取信息的方式，传统媒体或网站向微信平台逐步转移，信息载体也随之改变。

搞笑、经典语录、影视音乐是微信用户关注较多的休闲娱乐信息。与新闻、财经、科技信息的严肃性不同，简短、有趣的视觉感受，寓意深长的图片或是有声信息比长篇文字更具有吸引力。信息量的大小也是关键，微信用户主要是利用碎片化的时间获取休闲娱乐信息，因此信息量的大小也是微信内容考虑的关键。

除此之外，微信用户关注度较高的还有交通类，如违章查询、路况信息等。

做好微信内容的第一要务是了解客户，发表迎合消费者需求的内容，发布的博文要吸引用户的注意来增加用户黏性，并且体现出品牌的价值。

在筛选微信内容的时候需要考虑如图 13-3 所示的几个要素。

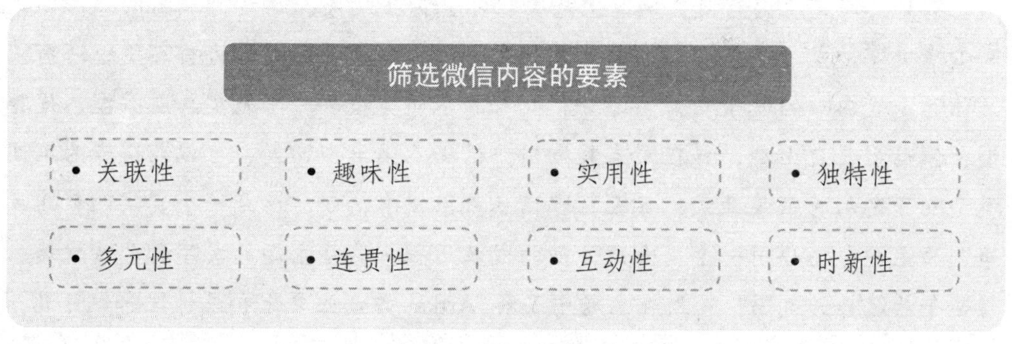

图 13-3　筛选微信内容需要考虑的要素

（1）关联性。内容与企业或者所处行业需有一定的关系，同时适量地加入品牌的价值信息。

（2）趣味性。内容要有趣、不庸俗，这样才能足够吸引用户，符合大众的审美趣味。

（3）实用性。内容要对粉丝有一定的帮助，可以是生活信息、居家常识或者折扣信息。

（4）独特性。需要根据自己的品牌特点打造有个性的内容，向粉丝展示企业文化、传播品牌价值。

（5）多元性。不仅发布的内容要多元化，而且形式也需要多元化，如图片、视频或者语音都是非常好的形式。

（6）连贯性。内容要连贯，单条图文要把传递的信息表达完整。

（7）互动性。经常与粉丝沟通可以与客户形成黏性，一句简单的问候或者寒暄也可以。

（8）时新性。了解当前的热门话题是非常重要的，热门话题不仅可以带动粉丝分享还能吸引更多的潜在客户。

微信的内容对互动有重要作用，有价值的内容才能吸引更多粉丝的关注。打造企业的形象，人性化官微会有更好的效果。

Artka（阿卡）是淘宝上原创复古女装设计的品牌，同时也是淘宝上销量最大的女装卖家之一。2012 年 11 月 7 日，Artka 开通微信公众号，它推送的内容主要是淘宝店的促销活动，如双十一、聚划算、产品介绍等，图文描述都很好。之后阿卡改变了推送内容的风格，推送的内容主要是唯美的图文。

例如：以“生为行走，遇见另一个世界”为主题发布设计师旅游的摄影图集和心情文字，或者是以“我们都是梦想家”为主题介绍公司的办公环境；还有以“你，是我内心的女子”为主题分析女人的不同类型——阳光型、温柔型、优雅型、体贴型、自由型，并在文末鼓励用户根据不同类型回复，可以获得专为不同类型女子定制的服装款式；甚至招聘信息都很励志，以“这是一个真实的梦想故事”为主题介绍公司一个美女设计师的成长历程。这些主题的文字都非常优美，营造午后沉静的氛围，粉丝在主题中了解 Artka 的企业文化和设计理念。可见，Artka 对于文字的编辑、植入式的营销手到擒来。

五、吸引粉丝：绝对的趣味是关键

微信是中国较为严谨的实名认证平台，它具有真实的基因，一开始就严格限定与手机号绑定。

微信不比微博，微信上的粉丝是可控的。有人说：“1000 个微信粉丝相当于

10 万个微博粉丝。”微博上，即使是你的粉丝，你发的微博对方也不一定能看到，他关注的可能不止你一个人；微信不同，微信是一对多，被观看率几乎是 100%，可以保证你的粉丝都是你想要影响的受众。例如，微信号为“营销学院”，那么这个微信号就会做有关营销的资讯、书籍、实战技巧以及培训课程，定位精准。

微信粉丝的可控性还体现在微信强大的分组功能，可以按地区分组，还可以按需求层次分组，甚至还可以按照性别分组，这样就可以针对粉丝的不同性质类别发布不同的信息，对女粉丝可以用感情诉求的文案，对男粉丝则采用理性诉求的文案。

要想吸引粉丝，可以参考如图 13-4 所示的几个策略。

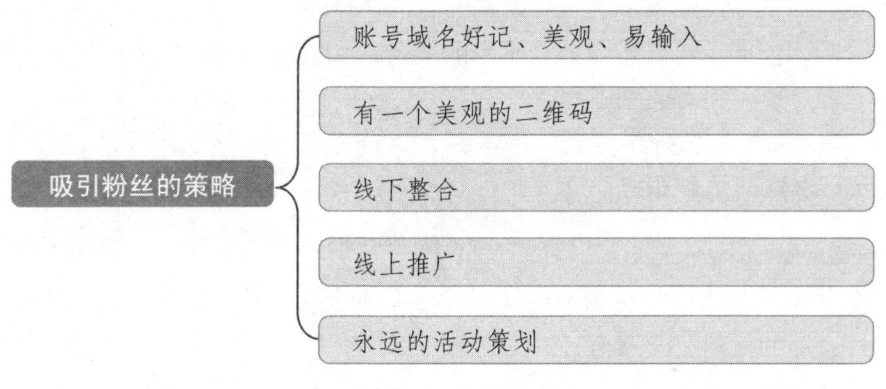

图 13-4　吸引粉丝的策略

（一）账号域名好记、美观、易输入

在微信营销中，账号域名非常重要，账号一定要便于记忆，便于输入，尽量简短。很多人申请账号的时候喜欢用“～”之类的符号，虽然很好看，但是非常不便于输入，而且不便于人们搜索，所以申请账号的时候尽量不要用符号。

（二）有一个美观的二维码

二维码是微信的重要环节，尤其是在线下推广，力求让自己的二维码漂亮、有个性，吸引客户拿出手机扫一扫。把主打产品的名称、企业 Logo、企业文化等信息在二维码上体现出来，是非常成功的二维码，对传播企业有非常大的帮助。

（三）线下整合

在新兴媒体的冲击下，很多人忽略了传统媒体。线下营销就要充分利用这些传统媒体，在报纸、电视、公交站牌等媒介上放上自己的微信二维码与和微信账号就会收获非常好的效果。

很多企业已经意识到微信可以完成从市场调研、品牌传播、客户维护、客户咨询、销售、售后跟踪等所有工作，微信闭环使企业只需要宣传自身的微信公众号，把目标人群吸引到自己的微信公众平台上即可，所以广告宣传一定要把自己的微信公众平台放到最显要位置。

（四）线上推广

充分利用能展示自己微信公众平台的渠道，如官方网站、官方微博、论坛、博客等，充分展示自身的品牌和产品。

（五）永远的活动策划

单纯的线上推广，转化率基本为零，微信营销能不能成功，关键在于活动的策划。企业要想办法让粉丝制造粉丝，粉丝宣传粉丝，粉丝推荐粉丝，让粉丝主动去推广企业的微信公众平台。

2016年，支付宝的微信公众号惊艳了不少人。“山无棱，天地合，都不许取关！”这是关注支付宝微信后弹出的自动回复。和常见的企业伟大、光荣、正确的画风完全相反，支付宝的微信公众号很少发死板的品牌公告，也很少给自家产品做硬广，而是把原本无趣生硬的品牌内容用年轻人喜欢的语言包装起来，比如标题《先别着急睡》打开后就只有一句话：“把明天的闹钟开开”，而这一句简单的话引起了众多点赞，如图13-5所示。在这个公众号背后，是支付宝在社交媒体领域与年轻人沟通的一种大胆尝试。

图13-5　支付宝微信公众号推送

在很多大公司，公众号都是由新媒体团队来负责运营的，发布内容需要经过层层审核，而支付宝却放权把微信公众号交给一个 87 年的员工全权负责，用个人化的随性风格把支付宝的微信公众号捧成了网红。

六、微信运营：99%的时间培养信任感+1%的时间促销

微信运营，指负责微信的运营，包括个人微信与微信公众平台的建立，然后通过微信与用户进行沟通的运营过程。微信运营是信息时代的产物。

微信运营主要体现在运营者以安卓系统、苹果系统的手机或者平板电脑中的移动客户端进行的日常运营推广，商家通过微信与微信公众平台进行针对性运营，具有随意性、移动性、便捷性等特点。微信运营人员需要具备较强的移动互联网意识，只需要一部智能手机即可完成日常的基本运营，可以通过微信客户端与用户进行互动，解决用户的问题，达到维护的目的。

微信可以为消费者提供一站式、简便、个性化、有针对性的增值服务，扩大服务的差异性，凸显企业的特色。

做好微信运营可以从如图 13-6 所示的几个方面出发。

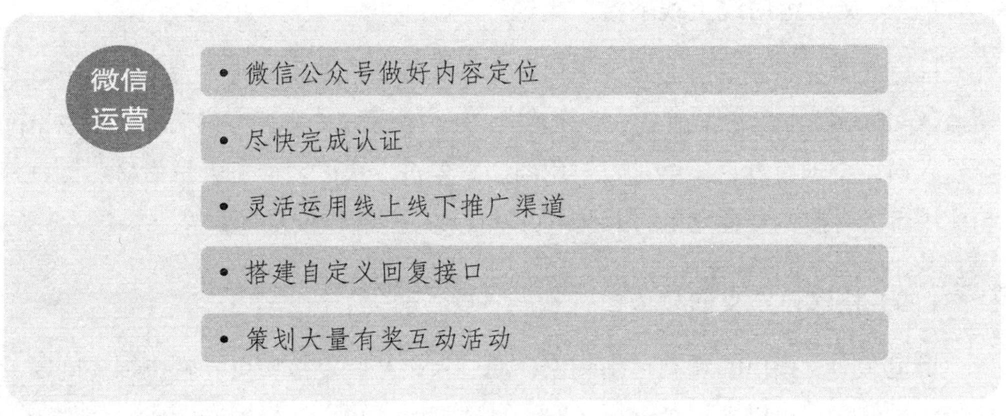

图 13-6 做好微信运营的策略

（一）微信公众号做好内容定位

内容定位是做好微信的第一步，内容定位可以帮助企业了解自身的情况。微信内容必须精耕细作，没有价值的内容或是纯粹的广告推送，往往会引起用户的反感。微信的内容建立在满足用户需求的基础上，因此微信推送的信息应该高度

尊重订阅用户的意愿。

北京地产行业的“购房者砍价联盟”（微信号 goufanglianmeng）是北京购房者自发联盟的一个微信公众账号，仅发布与购房相关的内容，比如对楼盘的点评，购买楼盘所需要的各类准备，将全北京的在售楼盘信息都展示在手机上。这样的内容能为购房者提供了切实的帮助，得到了购房者的认可。最重要的服务是集合有购房需求的购房者与开发商砍价，每套房最大可节省数十万元。而另一项服务是为联盟内的成员提供购房中遇到的一些问题的咨询，包括维权与解决纠纷等，此外还提供最新的楼盘信息。

（二）尽快完成认证

微信认证的门槛较低，认证微信号只需要有 500 名订阅用户，绑定个人或者企业的认证微博即可。

认证后最大的益处是可以直接在微信的“添加好友”搜索中文，还支持模糊查找，比如输入“艺龙”就能搜索到“艺龙旅行网”这个微信公众号。

（三）灵活运用线上线下推广渠道

推广的第一步就是要上线，利用各大下载市场、应用商店、大平台、下载站覆盖 Android 版本发布渠道。由于进入早，用户积累多，第三方商店成了很多 App 流量入口，全国有近百家第三方应用商店。渠道专员可以准备大量素材、测试等与应用市场对接，资金充足的情况下可以投放一些广告位及推荐等。

（四）搭建自定义回复接口

自定义回复接口的便利超出想象，通过自定义回复接口可以解决很多问题。例如，微信路况可以实现查询周边路况、违章，还可以在微信中形成微信贺卡，甚至可以使用微信电子狗。

自定义回复接口的用处很多，可以查询天气、列车、景点，callback 接口还可以做出一整套行业微信服务解决方案，通过地理位置可以获取周边的数据。

（五）策划大量有奖互动活动

活动期间，用户完成指定要求，或指定类型的用户通过公众平台进入活动页面即可进行抽奖，有机会获得奖品。

抽奖活动的表现形式既可以是常见的大转盘、九宫格、砸金蛋、刮刮乐、翻翻乐等，也可以是根据自己的创意性活动主题，将呈现给用户的表现形式做一定的花样，增加趣味性和新鲜感。

回馈用户的常见手段除了设置大奖外，还可以设置更多丰富的小奖，以保证更多用户都可以参与或者中奖，从而加强用户与平台之间的关联。

七、微信策划：图片+视频+语音=震撼视听战

微信是一款通过网络快速发送语音信息、视频、图片与文字，支持多人群聊的手机聊天软件。普通的微信公众账号可以群发文字、图片、语音三个类别的内容。

2014 年 4 月 8 日，微信正式上线智能开放平台。语音识别和图像识别成为首批开放给第三方应用开发者的智能识别技术。

通过调用相关技术接口，第三方应用可以实现微信中已有的语音转为文字、图片扫描等功能，麦克风、摄像头等传感设备让人与机器的交互更加便利。

语音识别技术主要体现在语音输入方面，可直接将用户的语音转化成对应的文字。用户不需要依靠键盘就能完成文字输入，或者用语音进行功能操作。多项产品已经在使用微信语音识别技术，比如 QQ 音乐中的语音搜索、腾讯地图中的地理位置语音搜索、滴滴打车中的语音叫车转文字等。

图像识别技术主要利用于扫描封面等功能。图像识别技术几乎可以识别市面上所有的图书封面和电影海报。如果用户在户外广告、电影院看到某电影海报时，只需用手机摄像头进行拍摄扫描，就能跳转到相应的信息页，获得电影详情介绍、影评、院线信息、在线付费购买等一系列延伸内容与服务。

除了电影海报，可识别的图像还包括杂志、书籍封面，产品包装、广告牌与照片。当服务器能够匹配到对应的图片，用户的手机中就会显示相应的网站、音频、视频、社交媒体、电子商务渠道等。传统媒体和电商领域应用或将成为该技术接口的深度合作伙伴。

与 PC 搜索端的搜索行为不同，移动搜索与生活场景的结合更加紧密，这要求场景输入的一切信息，包括文字、声音、位置、关系、图像等都可以成为检索的

关键词。

图答应（微信账号：hiscene）是基于微信的视觉搜索服务提供商，为微信公众号提供图片识别与搜索服务。用户关注图答应之后，可以通过拍照或上传本地图片，传送给图答应就可以获取与内容相关的反馈。比如逛街时，路过一家书店，如果你想要了解某本书的详细信息，就可以把图书封面直接拍下来发送给图答应或是其合作账号，系统就会自动将评论页面和网购入口集中回馈，免去了用户在当当网搜索的过程。图答应支持对图书、海报、CD 等类目的搜索。

八、微商：以人为本的互联网金融

微商指的是在移动终端平台上借助移动互联技术进行的商业活动，通俗指为通过手机开店来完成网络购物。简而言之，就是资源整合。

微商并不仅限于微信电商，也并不仅仅是在朋友圈出售产品的人。微盟 CEO 孙涛勇表示："广义的微商指所有在社会化媒体上展开的商务，而狭义的微商指早期通过朋友圈开店、卖货的这类人群，即微小个体户代理。"

微商一般是指以"个人"为单位、利用 Web3.0 时代所衍生的载体渠道，将传统方式与互联网相结合，不存在区域限制，且可移动性地实现销售渠道新突破的小型个体行为。

与传统电商相比，微商的推广成本更低。微信朋友圈中，发布信息的传达率 100%，花费的只是流量产生的费用。与传统电商以商品为中心不同，微商是以人为中心。移动互联网时代是社交的时代，人与人的关系是最核心的东西。微商正是体现了浓厚的"社交"属性。不管是朋友圈、微博还是 QQ 等，微商采取的是"社交+电商"的模式。这种模式充分利用社交的互动性与用户黏性，通过社交平台加强用户关联，营造熟人关系，然后销售货品。

社交购物的微商时代，不一定要有很多的客户，追求的只是关系深度，只要将粉丝、用户的关系做深，并维系老客户，提升购买频率，形成持续的购买意向即可。通过沟通获得信任，通过信任售出商品是微商的关键所在。

微商具有投入小，门槛低，传播范围广，足不出户便可推广与销售，只需个体行为等特点，满足了大多数有意愿自己做生意却不敢轻易尝试实体性创业，没有太多资本投入，也不熟悉企业运营的个体。

微商未来的发展趋势主要表现在如图 13-7 所示的几个方面。

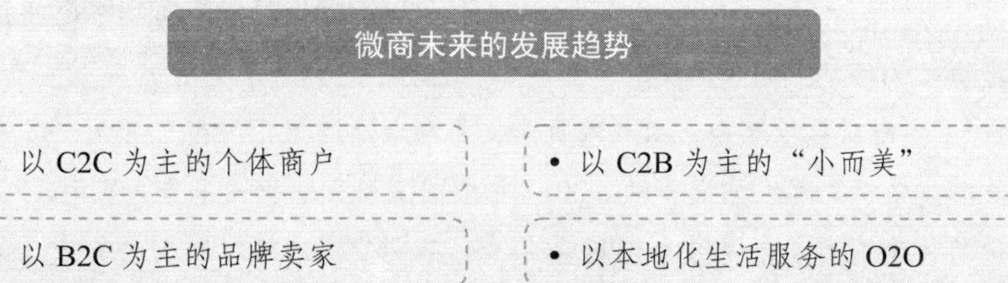

图 13-7 微商未来的发展趋势

（一）以 C2C 为主的个体商户

淘宝培养了顾客在 PC 端的网购习惯，微信培养了用户在移动端的社交（分享）习惯，购物习惯也在慢慢形成。如果说淘宝开启了全民网购的时代，那么微信就开启了全民开店（微商）的时代。微信让自商业成为一种可能，一个既是买家又是卖家的移动购物时代即将到来。

（二）以 B2C 为主的品牌卖家

规模化运作是所有平台方与第三方最为看好的微商发展模式，不管是以京东购物为主的品牌电商还是以微盟旺铺为主的第三方。规模化是一个 C2C 到 B2C 的过程，就像淘宝最先运作的是 C2C，当这一模式偏离正轨时，天猫（B2C）就应运而生，用户的购物观念也逐渐从价格转向品牌和质量。因此，朋友圈销售只是微信电商途径的一小步。

（三）以 C2B 为主的“小而美”

流量为王的 PC 时代，C2B 没有迎来大繁荣，在移动互联网时代，这一按需定制的个性化产品将会迎来全面发展。微信上的产品，都是通过口碑传播以及精准的营销，利用粉丝寻找潜在的用户，在去中心化的社交电商平台上，C2B 蕴藏的巨大能量将会爆发，“小而美”的产品更适应发展。

（四）以本地化生活服务的 O2O

O2O 难做，是因为线下资源整合难度大，尤其是物流方面操作起来非常困难，然而这正是微商的机会所在。O2O 重在服务，微商把自己定位成一个移动客服人员，就会成为移动电商的桥梁。

2012 年微商起步至今，从业人员和交易额增速迅猛，微商自身也经历着不间断的洗牌。根据艾瑞咨询发布的《2017 年中国微商行业研究报告》显示，2016 年中国微商行业市场交易规模为 3287.7 亿元，在消费者网络消费支出主要用途中，微商支出占比 2.2%，虽渗透率较低，但仍具较大发展空间，2017 年消费者预测网络消费主要用途中，微商支出占比 2.5%，这一数据较 2016 年上升 0.3%。

2017 年 1 月初，《微商行业规范》（征求意见稿）发布，标志第一部微商行业法规即将诞生，这标志着微商市场将步入规范运营阶段。与此同时，阿里巴巴、网易考拉等传统电商企业竞相涉足微商，将电商领域成熟的线上运营管理经验带入微商领域；小米品牌企业也试水微商，构建社会化分销渠道。

未来随着更多电商、品牌的涉足，微商行业商品品质将得到更好的保障，恶意刷屏的营销方式也将得到规范。基于熟人关系的商业变现将重新建立在“真实信任”的基础上发展，微商行业将逐步走向规范化和品牌化，实现微商升级。